W0059544

Gabrielle Bernstein

A Hip Guide to Happiness

12 IMPULSE FÜR EIN SCHWUNGVOLLES LEBEN

Aus dem Englischen
übersetzt von
Theda Krohm-Linke

L · E · O Verlag ist ein Imprint der Scorpio Verlag GmbH & Co. KG, herausgegeben von Michael Görden.

Die Originalausgabe ist erstmals erschienen 2010 bei Three Rivers Press, Crown Publishing Group, a divison of Random House, Inc. New York
Titel der amerikanischen Originalausgabe: *Add more –ing to Your Life – A Hip Guide to Happiness*. Published by Arrangement with Agentur Schlück, Garbsen

© 2010 by Gabrielle Bernstein
© der deutschen Ausgabe 2015: L · E · O Verlag in der
Scorpio Verlag GmbH & Co.KG, Berlin · München
Umschlaggestaltung: Torge Niemann, WRAGE
Fotos im Text: Sam Bassett
Satz: BuchHaus Robert Gigler, München
Druck und Bindung: GGP Media GmbH, Pößneck
ISBN 978-3-95736-045-8
Alle Rechte vorbehalten.

Mehr über unsere Bücher
www.leoverlag.de

Für Lauren Zussman.

Ich werde deine Botschaft weitertragen.
Danke, dass du dein Licht
auf diese Welt scheinen lässt.

INHALT

VORWORT

Hallo, meine neue Freundin. Ich freue mich riesig, dass du mein Buch in die Hand genommen hast, weil dich das Cover und die verschiedenen Streetstyle-Fotos im Buch angesprochen haben. Du denkst bestimmt jetzt gerade: »Wer mag wohl das Mädel mit den Engelsflügeln sein, das mitten auf einer belebten Straße in New York City meditiert, und warum grinst sie so breit auf dem Cover?« Nun, falls es nicht offensichtlich sein sollte: das Mädel bin ich, Gabrielle Bernstein, und ich grinse, weil ich glücklich bin. Ich bin vollständig, ich bin ganz, und ich lebe mein Leben! Ich habe mich entschieden, die Welt mit Liebe wahrzunehmen. Mein Leben fühlt sich an wie ein glücklicher Traum, in dem ich voller Begeisterung täglich aufwache.

Ich fand mein Leben nicht immer so toll. Vor fünf Jahren war ich in Dunkelheit gefangen, und ich konnte nur noch schreien. Ich war fünfundzwanzig und hatte meine eigene Public-Relations-Firma in Manhattan. Ich war die stereotype junge New Yorkerin aus der Mittelschicht. Rein äußerlich besaß ich alles, was zum Glücklichsein notwendig war: eine tolle Familie, einen tollen Job, tolle Freunde. Aber im Inneren war ich nicht glücklich. Bei mir ging alles nur darum, wie ich der Wahrnehmung der Außenwelt gerecht wurde. Womit verdienst du dein Geld? Mit wem gehst du aus? In welche Clubs kannst du hineinkommen? Das waren die Dinge, die für mich eine Rolle spielten.

Ich war voller Unsicherheit, Alkohol und Subway-Sandwiches. Meine Wahrnehmung von Glück war eine Tablette, ein Freund oder ein weiteres Loch im Gürtel der notwendigen »Errungenschaften« des Lebens. Mein Mantra war: »Je mehr ich mich anstrenge und je lauter ich brülle, desto weiter werde ich kommen.« Ich war besessen von »*wenn ich habe*«. Wenn ich einen neuen Freund habe ... Wenn ich mehr Geld habe ... Wenn ich diesen Kunden an Land ziehe ... *dann* werde ich glücklich sein. Aber auch als alle diese Wünsche in Erfüllung gingen, war ich nicht zufrieden, und um die Leere zu füllen, griff ich zu Drogen und Alkohol. Ein ganzes Jahr lang jagte ich flüchtigen Höhepunkten nach, und am Ende war ich drogensüchtig.

Ich kann mich noch an das genaue Datum erinnern, als ich am absoluten Tiefpunkt angekommen war. Es war der 2. Oktober 2005. Ich wachte verkatert auf, völlig fertig und voller Scham bei dem Gedanken an die vergangene Nacht. Ich hörte das klappernde Geräusch eines Müllwagens auf der Straße vor meiner Wohnung und das Stimmengewirr der Leute, die zur Arbeit oder ins Sportstudio gingen. Ich ging nirgendwohin. Und dann hörte ich durch meine Kopfschmerzen meine Intuition sagen: »Hör auf, das Glück außen zu suchen. Schaff endlich Ordnung, und dann wirst du es im Inneren finden.« An jenem Tag beschloss ich, auf Alkohol und Drogen zu verzichten und die Quelle meines Glücks im Inneren zu suchen.

Ich zog die Notbremse an meinem schnelllebigen New Yorker Lebensstil und entwickelte eine neue, gesunde Sucht. Ich wurde ein Metaphysik-Junkie! Und wie schon das buddhistische Sprichwort sagt, »Wenn der Schüler bereit ist, erscheint der Lehrer«, erschienen prompt meine Lehrer in Gestalt einer Gruppe von Glücksgurus – Marianne Williamson, Dr. Wayne Dyer, Louise Hay und Shakti Gawain. Ich ließ mich von ihnen führen, beherzigte ihre Ratschläge und veränderte meine Wahrnehmung. Und schon bald wurde alles besser.

Als ich erst einmal clean war, stellte ich fest, dass ich Raum für neue Aktivitäten geschaffen hatte – mental, spirituell und in meinem Terminkalender. Ich fühlte mich gesund und wollte dieses positive Gefühl erforschen, deshalb begann ich, mich mehr zu bewegen. Ich zog meine Laufschuhe an und rannte durch den Park; ich machte Musik an und tanzte allein in meiner Wohnung. Auf einer Reise nach Hawaii hatte ich ein unglaubliches Surf-Abenteuer, bei dem ich mich mit mir und dem Universum total verbunden fühlte. Körperliche Aktivitäten entzündeten meinen Geist. Ich bewegte mich tanzend durchs Leben.

In den Anfängen meiner Erforschung von Intuition war Trampolinspringen eine meiner Lieblingsaktivitäten. Ich sprang stundenlang, bis ich einen kathartischen Moment der Erlösung erreichte. Immer mehr Aktivitäten, die ich seit meiner Kindheit nicht versucht hatte, kamen hinzu. Ich fuhr Einrad, Rollerblades und begann wieder mit dem Skilaufen. Jede Sportart erforderte einen anderen Fokus, aber allen war gemeinsam, dass sie mich in einen Zustand der Glückseligkeit versetzten.

Ich entdeckte, dass ich völlig losgelöst von meiner Umgebung war, wenn ich mich in diesem Zustand befand. Ich kann ihn nur als »Flow« bezeichnen. In den Flow-Momenten schien die Zeit stillzustehen, und ich war völlig vertieft in die jeweilige Aktivität. Um die Tiefen meiner Intuition zu erforschen, ließ ich auf jedes Abenteuer eine Meditation folgen, in der ich reflektierte, was ich in meinem intuitiven Abenteuer gelernt oder losgelassen hatte. In diesen Momenten konnte ich alte Gefühle der Unsicherheit, Angst und Traurigkeit loslassen.

Bald schon wurde mir klar, dass meine intuitiven Erfahrungen mich dazu führten, lebenslange Muster zu ändern – die Intuition erlaubte mir sozusagen, mir nicht mehr im Weg zu stehen! Jede Aktivität war eine wunderbare Gelegenheit, ein altes Thema in meinem Leben zu heilen. Zum Beispiel Einradfahren. Ich hatte es früher einmal gelernt, als ich in der Mittelschule an einem Zirkuskurs teilgenommen hatte. Genau wie Fahrradfahren verlernt man es eigentlich nicht. Als meine Intuition mir riet, mir siebzehn Jahre, nachdem ich zuletzt auf einem gesessen hatte, ein Einrad zuzulegen, fuhr ich damit direkt aus dem Laden heraus. Aber obwohl ich es in der Mittelschule trainiert hatte und meine Muskeln sich erinnerten, erforderte diese Aktivität meine volle Aufmerksamkeit. Ich musste mich komplett auf mein Gleichgewicht konzentrieren, um nicht zu stürzen. Im Kopf rezitierte ich: »*Ich bin ruhig und ausgeglichen.*« Je mehr ich diese Worte wiederholte, desto mehr glaubte ich daran und hielt sie für wahr.

Im Laufe meines täglichen Trainings mit dem Einrad, wobei ich meine Aufmerksamkeit immer auf den Gedanken von Ruhe und Ausgeglichenheit richtete, begann ich festzustellen, dass ich mich auch in anderen Bereichen meines Lebens viel ausgeglichener fühlte. Wenn die Arbeit überwältigend hektisch wurde und ich keine Zeit mehr für mich hatte, stellte ich mir vor, wie ich auf meinem Einrad saß, und wiederholte mein Mantra: »*Ich bin ruhig und ausgeglichen.*« Durch dieses Mantra und die körperliche Betätigung vermied ich viele unnötige Zusammenbrüche. Ich hatte entdeckt, dass meine Intuition mich von obsessiven negativen Gedanken befreite!

Im Grunde trainierte ich neue Denkmuster, so wie man jede Fähigkeit erst einmal übt. Meine positiven Mantras waren wie mentale Push-Ups. Und weil ich mit meinen Mantras eine physische Aktivität verband, erlebte ich das Gefühl sowohl körperlich als auch mental. Ich konnte es abrufen, wann immer ich es brauchte und das Gefühl in meinem Körper und die Worte in meinem Herzen spüren. Das Eine verstärkte das Andere. Mit der Zeit ergaben sich als Resultat positive Veränderungen, und das Beste daran war, dass ich bei diesen Veränderungen jede Menge Spaß gehabt hatte!

Und weil ich körperliche Aktivität, positive Affirmationen, kreative Visualisierung und Meditation miteinander verknüpfte, begann ich, Augenblicke der Inspiration zu spüren. Ich wurde inspiriert zu schreiben, neue Geschäftsideen zu entwickeln und neue Sportarten zu erlernen. Das war der Zeitpunkt, an dem mir klar wurde, dass ich durch meine Intuition nicht nur Glück in Erfahrungen fand – es war auch eine Methode, um Klarheit zu finden und innere Führung zu empfangen. Innere Führung war meine Intuition! Und ich konnte sie anzapfen. Daraus wurde dann eine tägliche Praxis mentaler und körperlicher Aufarbeitung.

Durch diese tägliche Praxis ist mein Leben mittlerweile ganz anders, als es an jenem Tag im Oktober 2005 war. Ich bin alleine durch das Training mit meiner Intuition dahin gekommen, wo ich heute bin. Durch die körperliche Aktivität, positive Affirmationen, kreative Visualisierung und Meditation wurde ich zur Freude zurückgeführt. Die Intuition wurde der Wind unter meinen neuen Engelsflügeln und leitet mich noch immer. Heute halte ich Vorträge, bin Life-Coach und Autorin. Für mich ist das Glas immer halb voll. Ich fahre Einrad, bin Mentorin, Unternehmerin, liebe das Leben und bin eine Stimme meiner Generation. Ich habe meinen Willen dem Prozess der Intuition übergeben und das Drehbuch meines Lebens neu geschrieben.

Meine Mission ist es, in diesem Leben meiner Generation zu helfen, ihre Suche nach Glück von außen nach innen zu lenken. Ich möchte euch dabei helfen, euch nicht selbst im Weg zu stehen. Wie will ich das machen? Als Channel für das Universum lade ich wichtige Informationen herunter und übersetze sie. Als Sprachrohr übermittle ich eine Botschaft, die hip und kraftvoll zugleich ist.

Los, Generationen X und Y, lasst uns wieder auf unsere Intuition hören!

Erwartet Wunder.
Gabrielle

EINLEITUNG

Wenn du jetzt die Entscheidung getroffen hast, mehr Intuition in deinem Leben zuzulassen, fragst du dich wahrscheinlich, wie das gehen soll. Nun, das ist der richtige Ausgangspunkt! Dieses Buch soll dir dabei helfen, die dunkleren Bereiche des Lebens zu beleuchten und positive Veränderungen herbeizuführen. Meine Arbeit, Hunderte von Menschen (einzeln oder in Gruppen) zu coachen, hat mich mit dem notwendigen Rüstzeug ausgestattet, um hinter meinen Methoden zu stehen. Ich führe euch durch den Prozess, den ich in den zahlreichen Monaten meines eigenen Intuitions-Trainings perfektioniert habe – ich habe den Prozess die »Intuitionsgleichung« genannt.

Hier schnell ein kleiner Einblick:
Umdenken + Bewegen + Empfangen x 30 Tage = Verändern

Diese Gleichung ist eine abenteuerliche dreißigtägige Wiederholung von körperlicher Aktivität, bewusst positiven Affirmationen und kreativer Visualisierung. Die Intuitionsgleichung schiebt negative Gedankenmuster weg und schafft positive Veränderung, sodass du vorwärtsgehen und ein fantastisches Leben führen kannst. Die zwölf Kapitel in diesem Buch decken spezifische Themen ab, die unsere Generation betreffen, Themen wie nicht weiterzukommen, in einer schwierigen Beziehung zu stecken, Angst vor Versagen oder Erfolg zu haben und Abhängigkeit. Sagen wir mal, du hasst deinen Job, besitzt aber nicht genug Selbstvertrauen, um dir einen anderen zu suchen, oder du steckst vielleicht in einer Beziehung, die eigentlich nicht funktioniert, aber du hast zu viel Angst davor, allein zu sein, um sie in Frage zu stellen. Die Intuitionsgleichung kannst du auf alle diese Probleme anwenden, und das Ergebnis wird sein, dass alle negativen Hindernisse in deinem Kopf, die dich davon abhalten, deinen Traumjob zu finden oder deine Beziehung in Ordnung zu bringen, verschwunden sind.

Die einzelnen Schritte der Gleichung können untereinander ausgetauscht werden. Im Buch wird die Gleichung meistens in der erwähnten Reihenfolge dargestellt, kann allerdings ab und zu bei einer bestimmten Lektion angepasst werden. Die dreißigtägige Wiederholung ist erforderlich, damit die Transformation voll einsetzen kann. Neurobiologische Studien zeigen, dass das Gehirn reprogrammiert wird und sich neue neurale Verknüpfungen bilden, wenn man neues Verhalten dreißig Tage lang wiederholt. Diese Umsteuerung verändert deine Verhaltensmuster und damit dein Leben. Wenn du die Intuitionsgleichung auf verschiedene Aspekte deines Lebens anwendest, dann wirst du deinen Channel von allen Störungen reinigen, so dass du innere Führung erhalten kannst.

Schritt-für-Schritt-Anweisungen für die Intuitionsgleichung

SCHRITT EINS: Umdenken

Bei dem Prozess des Umdenkens geht es darum, dass du deine Geschichte noch einmal erzählst. Die nicht ausgeheilten Bereiche deines Lebens sind die Spielwiese des Egos für hässliche Gedanken (das Ego ist die Stimme der Angst). Um deine negativen Gedankenmuster zu verändern, ersetzt du aktiv deine negativen Gedanken mit liebevollen Ideen. Diese liebevollen Ideen werden »Affirmationen« genannt. Der Prozess des Umdenkens erlaubt es dir, jeden negativen Gedanken in einen positiven zu verwandeln, indem er dir mit unzähligen Tools dabei hilft, dein Denken zu verändern. Jede bewusste Entscheidung, dein Denken zu verändern, bringt dich einen Schritt näher an die Umstrukturierung deines Gehirns und wird dein Leben verändern. Allein dieser Schritt wird dir dabei helfen, große Veränderungen in deinem Leben zu erreichen.

SCHRITT ZWEI: Umdenken + Bewegen

In Schritt zwei der Gleichung kommt die Bewegung hinzu. Indem du deine Affirmationen mit körperlichen Aktivitäten unterlegst, veränderst du die Art, wie dein Körper auf deinen Geist reagiert. Die negativen Geschichten des Egos aus der Vergangenheit liegen tiefer als deine Gedanken; sie durchdringen Geist und Körper. Deshalb habe ich einige konkrete körperliche Aktivitäten den verschiedenen Lebensbereichen, die in jedem Kapitel abgehandelt werden, zugeordnet, damit du diese negativen Gedankenmuster sowohl auf der geistigen als auch auf der körperlichen Ebene verändern kannst. Wenn du zum Beispiel eine alte Angst loslassen willst, dann suchst du tanzend einen Weg durch diese Angst. Oder wenn dein Leben aus dem Gleichgewicht geraten ist, schlage ich Trampolinspringen vor. Es gibt viele Aktivitäten, die zu den verschiedensten Problemen passen, und die Intuitionsgleichung ist nicht auf meine Vorschläge beschränkt. Wenn du eine bestimmte Aktivität besonders gern machst, dann arbeite auf jeden Fall damit! Wesentlich ist nur, Aktivitäten zu finden, die dich zum Loslassen führen und dich in die Veränderung bringen.

Für die Gleichung solltest du die Kombination von Umdenken und Bewegen mindestens zwanzig Minuten lang durchziehen. Das führt dich auf *intuitives Terrain*. Zu diesem Zeitpunkt fließen die Energie deines Geistes und deines Körpers zusammen. Du hast so ein ähnliches Gefühl wie nach einem langen Lauf, bei dem Endorphine ausgeschüttet wurden. Auf *intuitivem Terrain* ist dein Geist frei und dein Körper locker, sodass du Zugang zu deiner Intuition hast. Du kannst sie hören und deiner wahren Stimme lauschen.

SCHRITT DREI:
Empfangen (Meditieren + intuitives Schreiben)
Vom *intuitivem Terrain* führe ich dich in den letzten Schritt der Gleichung: Empfangen. Dieser Schritt ist eine Kombination von Meditation und Schreiben in der Bewusstseinsstrom-Technik (*intuitives Schreiben*). Jede dieser Aktivitäten ist eine Gelegenheit für dich, auf *intuitivem Terrain* größtmögliche Klarheit zu empfangen. Wenn dein Geist klar ist, kannst du die wahrhaftigsten Gedanken empfangen und die inspirierendsten Ideen haben.

Du beginnst mit Meditation. Wenn du bei Meditation an einen dickbäuchigen Buddha auf einem Kissen denkst, dann solltest du dir schnell eine neue Sicht aneignen. In der intuitiven Welt ist nichts cooler als Meditation. Wirf alle Vorurteile über Meditation über Bord, halte dich an meine Anweisungen und sei bereit, etwas Neues zu erfahren. Und mach dir keine Sorgen, wenn du noch nie meditiert hast! Ich habe es dir supereinfach gemacht. Du brauchst nur meine geführten Meditationen auf www.gabbyb.tv herunterzuladen und mir zu erlauben, dich zu führen (Wenn du keinen iPod hast, lass einfach im Hintergrund sanfte Musik laufen, die du gerne hörst – am besten ohne Text.) Wir gehen auf eine Reise durch dein unterbewusstes Gehirn, und der Sinn der Meditation liegt darin, den Pragmatismus der linken Gehirnhälfte loszulassen und die Intuition und Kreativität deiner rechten Gehirnhälfte willkommen zu heißen.

Warum schalten wir um? Die intuitive rechte Gehirnhälfte ist die Seite, deren Stimme, wenn sie gehört wird, Sachen sagt wie: »Du magst deinen Job nicht, also wird es Zeit, dass du deiner Leidenschaft folgst« oder »Du bist bereit, dieses alte Muster von X, Y oder Z loszulassen«. Meditation ist eine großartige Methode, die Stimme der rechten Gehirnhälfte zu hören. Dank der körperlichen und geistigen Arbeit von Schritt eins, zwei und drei, sind störende Gedanken ausgeschaltet worden, sodass du besser auf deine Intuition hören kannst. Die Meditation in Schritt drei ist wichtig, weil du nur so dein Tempo herunterfahren kannst, um Führung von innen zu erhalten.

Direkt nach der Meditation führe ich dich in eine Übung mit Bewusstseinsstrom-Schreiben, das ich als *intuitives Schreiben* bezeichne. Beim *intuitiven Schreiben* kannst du deine unbewussten Gedanken zu Papier bringen. Für den Anfang gebe ich dir ein Thema vor. Dein Job ist einfach. Lass deine Gedanken zu dem Thema einfach frei fließen. Das *intuitive Schreiben* ist superwichtig, weil du dadurch besser empfangen kannst. Du wirst erstaunt sein, was du alles aufschreibst.

 Wiederholen
Das Schlüsselelement in der Gleichung ist Wiederholen. Erst nach dreißigtägiger Wiederholung kannst du wirklich die Resultate erfahren.

Mein Leben ist durch die tägliche Wiederholung großartig geworden. Der Beweis, dass die Gleichung funktioniert, liegt auf der Hand. Ich führe ein Leben, das ich in meinen kühnsten Träumen nicht für möglich gehalten hätte, und bei dir wird das Gleiche passieren, unabhängig davon, wie dein jetziges Leben aussieht.

Anwendung

Ich bin ganz sicher, dass die meisten irgendeinen Teil bei jeder Gleichung finden, der ihnen zusagt. Deshalb schlage ich vor, dass du jedes Kapitel komplett durcharbeitest. Und ganz gleich, wo du in deinem Leben stehst, empfehle ich, jede Gleichung in der Reihenfolge der Kapitel zu testen. Der Grund dafür ist, dass jedes Kapitel noch mehr Intuition in den einzelnen Lebensbereich bringt. Die Kapitel sind so angeordnet, dass sie dem meiner Meinung nach besten Weg folgen, wobei sich jedes Kapitel auf einen spezifischen Meilenstein an diesem Weg fokussiert, auf dem das nächste Kapitel wiederum aufbaut.

Wenn du die Intuitionsgleichung auf verschiedene Bereiche deines Lebens anwendest, werden angsterfüllte Gedankenmuster und einschränkende Annahmen verschwinden. Wenn du das Gefühl hast, festzustecken oder keine Kontrolle mehr über dein Leben zu haben, hilft dir dieses Buch, freizukommen, loszulassen und das Leben geschehen zu lassen. Die Augenblicke, in denen Intuition die Hindernisse in deinem Kopf entfernen und dein Leben zum Besseren wenden kann, sind endlos. Wenn dein Hindernis ein Mangel an Selbstvertrauen ist, nimm Intuition hinzu, und du wirst Selbstbewusstsein gewinnen. Wenn dein Hindernis Groll auf deine Mutter ist, gib Intuition dazu, und du lernst die Sache mit der Vergebung. Wenn dein Hindernis ein Mangel an Ausgeglichenheit in deinem Leben ist, arbeite mit Intuition, und du kommst wieder ins Gleichgewicht. Aber Intuition ist nicht nur zum Lösen von Problemen gut; sie sorgt auch dafür, dass du dein Leben voll ausschöpfst. Ganz gleich, wo du gerade im Leben stehst, Raum für Verbesserung ist immer.

Ich kann dieses Buch schreiben und für die Intuitionsgleichung bürgen, weil ich sie lebe. Wie könnte ich es wagen, dir zu erzählen, wie du glücklich wirst, wenn ich mein eigenes Leben nicht wirklich im Griff hätte? Ich lebe heute ein Leben, was ich niemals für möglich gehalten hätte. 95 Prozent der Zeit bin ich ruhig, glücklich und fühle mich wohl in meiner Haut. Ich habe vollstes Vertrauen in mich und sehe der Zukunft voller Freude entgegen. In der Vergangenheit drehte ich regelmäßig durch, wenn irgendetwas nicht so funktionierte, wie ich mir das vorgestellt hatte. Wenn das heute der Fall ist, weiß ich, dass entweder etwas Besseres auf mich wartet, oder ich etwas lernen muss. Die restlichen 5 Prozent der Zeit arbeite ich kurze Begegnungen mit meinem Ego durch. Aber dank meiner intuitiven Praxis weiß ich jetzt, wie ich mein Ego in Schach halten kann. Wenn es versucht, mir eine üble, alte Geschichte zu erzählen, sage ich: »Danke für die Mitteilung«, und dann lege ich ein bisschen Intuition nach. Eigentlich bin ich dankbar für diese kurzen Begegnungen mit meinem Ego, weil sie mich im intuitiven Prozess halten. Mir ist bewusst, dass mein Leben heute deshalb so toll ist, weil ich mit meinen früheren Wahrnehmungen aufgeräumt und mein Gehirn durch Intuition umprogrammiert habe.

Weil ich bezeugen kann, wie gut diese Gleichung funktioniert, habe ich beschlossen, in diesem Buch viele persönliche Geschichten mit dir zu teilen. Außerdem gibt es zwischendurch Geschichten von den zahlreichen Frauen, die ich gecoacht habe. Jede einzelne Geschichte spiegelt wider, wie die Intuitionsgleichung die Probleme positiv verändern kann, denen unsere Generation gegenübersteht. Du kannst sicher viele dieser Geschichten nachvollziehen, und ich hoffe, sie machen dir klar, welche Vorteile es hat, mehr Intuition in dein Leben zu bringen.

Der Wunsch, mit Engelsflügeln auf einem Skateboard durchs Leben zu cruisen, entstand bei mir nicht über Nacht. Er erforderte Hingabe zum Glück – und eine Menge Arbeit. Aber lass dich davon nicht abschrecken. Etwas Wertvolles zu erreichen ist in diesem Leben immer mit Anstrengung verbunden.

So bringst du mehr Intuition in dein Leben

Nach diesem Überblick über die Gleichung möchte ich dir gerne beschreiben, was dich auf deiner Reise durch dieses Buch erwartet. Jedes Kapitel fokussiert ein spezielles Thema und vermittelt eine Schritt-für-Schritt-Anleitung, wie du die Intuitionsgleichung anwenden solltest, um eine Veränderung innerhalb dieses Themas zu bewirken. Jede Gleichung ist auf den jeweiligen Lebensbereich angepasst, also jedes Mal ein wenig anders, damit sie am besten funktioniert. Das ist das Schöne an der Gleichung; sie soll flexibel sein, damit sie zu jedem Lebensbereich passt. Wenn du erst einmal den Bogen raushast, kannst du die Gleichung jederzeit auf jedes Thema anwenden. Die Intuitionsgleichung in jedem Kapitel repräsentiert einen Meilenstein. Jeder dieser Meilensteine erlaubt dir, deine Reise zu deinem letztendlichen Ziel – mehr Intuition in dein Leben zu bringen - besser zu navigieren. Jedes Kapitel baut auf dem vorhergehenden auf und hilft dir so, ein solides Fundament heiterer Gelassenheit aufzubauen. In der ersten Hälfte des Buches, Kapitel eins bis Kapitel sechs, helfe ich dir dabei, alle verborgenen Gefühle und negativen Gewohnheiten, die du über die Jahre entwickelt hast, durchzuarbeiten. Die zweite Hälfte des Buches, Kapitel sieben bis zwölf, öffnet deinen Geist, so dass du besser verstehst, wie du mehr aus deinem Leben machen kannst. Du wirst die unendliche Kapazität deiner persönlichen Energie, die Macht deiner Gedanken und Gefühle erfahren. Wenn du diese wichtigen Meilensteine erst einmal hinter dich gebracht hast, bringe ich dir bei, wie du diese Energie nutzen kannst, um gemeinsam mit dem Universum Dinge zu bewirken und zu erschaffen. Stell dir jede Intuitionsgleichung als spannendes Abenteuer vor, das dich immer näher an ein tolles Leben voller Glück bringt.

Eine wundersame Inspiration

Bevor wir unsere Reise antreten, möchte ich zuerst ein Buch erwähnen, das mich hauptsächlich zum intuitiven Prozess inspiriert hat, *Ein Kurs in Wundern*. Es ist ein metaphysischer Führer zum Selbststudium, mit dem du individuell arbeiten kannst. Der *Kurs* lehrt, dass »ein ungeübter Geist nichts erreichen kann«. Das Hauptziel des *Kurses* ist es, den Schüler anzuleiten, das Ego loszulassen (aus Sicht des *Kurses* ist das Ego »ganz wörtlich ein Angstgedanke«) und alle Gedanken ganz auf Liebe auszurichten. Ich habe durch das Studium des *Kurses* erlebt, wie mein Kopf klar wurde und mein Leben auf einmal super war. Als ich meine angsterfüllten Gedankenmuster umprogrammiert hatte, begann sich alles zu verändern. Die größte Veränderung war, dass sich meine Wahrnehmung von Angst zu Liebe verschob. Außerdem sah ich Widrigkeiten nicht mehr als Tragödien, sondern als Gelegenheiten zu lernen. Insgesamt haben mich die Ratschläge des *Kurses* dazu geführt, meiner Vergangenheit zu vergeben, meine Zukunft loszulassen und die Gegenwart mit Liebe und Vertrauen zu leben.

Ich habe den Text des *Kurses* Jahr für Jahr immer wieder gelesen, und wie ich wachse, so wächst auch die Sprache mit mir. Durch die Entwicklung der Intuitionsgleichung wollte ich die Philosophie des *Kurses* auf eine moderne Art und Weise nutzen. Wenn du damit klarkommst, arbeite damit – wenn nicht, nimm dir, was du brauchst und lass den Rest. Dies ist deine Reise. Nimm dir die Tools, die dich ansprechen, und mach sie zu deinen eigenen.

Intuitive Begriffe
Das letzte Tool, mit dem ich dich für deine Reise ausstatte, ist die folgende Liste wichtiger intuitiver Begriffe, die ich ständig benutze. Diese Begriffe sind vielleicht neu für dich, da ich sie jedoch am häufigsten verwende, führe ich sie hier auf, mit einer einfachen Definition für jeden Begriff und der Erklärung seiner Verbindung zur Intuition.

Intuition bedeutet hier »innere Führung«. Intuition ist die Stimme in dir, die intuitive liebende Gedanken äußert und der Angst sagt, sie soll abhauen. Du wirst feststellen, dass ich für Intuition im Buch auch schon mal den Begriff »innere Führung« verwende. Intuition kann als Substantiv verwendet werden (»Heute bringe ich mehr *Intuition* in mein Leben«) oder als Adjektiv, bzw. Adverb (»Mach's *intuitiv*, Schwester!) Der »esoterische« Hippie in mir setzt Intuition auch gerne gleich mit innerem Licht, einer inneren Stimme, einem höheren Selbst, der Quelle und in manchen Fällen mit Gott (mir ist durchaus klar, dass das Wort Gott euch vielleicht abschreckt. Aber akzeptiert es hier bitte). Es gibt viele unterschiedliche Bezeichnungen für deine *innere Führung*. Meine liebe Freundin, Autorin und Rednerin Kris Carr zum Beispiel bezeichnet Intuition als »Gott, Jesus, Buddha, Elvis etc.«. Ihre intuitiven Gedanken klingen zum Beispiel so: »Mach mal Pause.« »Mach keinen Telefon-Terror, es ist zwei Uhr morgens.« »Hör auf zu essen.« »Stell das Glas hin und geh nach Hause.« »Log dich bei Facebook aus – du liebst dich mehr, als da rumzuhängen.«.

Ego. *Ein Kurs in Wundern* nennt das Ego »ganz wörtlich einen Angstgedanken«. Diese Angstgedanken sagen dir: »Du bist nicht gut genug.« »Das Leben ist schwierig.« »Wir leben in einer Rezession, du kannst keinen Job bekommen.« »Du bist zu dick.« »Du bist nicht gut in Beziehungen und wirst deshalb für immer Single bleiben.« Das Ego verweilt im Schmerz der Vergangenheit, erschafft ihn in der Gegenwart neu und projiziert ihn in die Zukunft. Das Ego ist die Stimme eines gemeinen Freundes, dem du schon viel zu lange zugehört hast. Wenn du dich der Intuition verschreibst, dann lässt du die Stimme des Egos verstummen.

Das Gesetz der Anziehung. Ist es dir schon mal passiert, dass du an einen Freund gedacht hast und kurz darauf hat er angerufen? Oder hast du schon jemals eine bestimmte Information haben wollen und am selben Tag wurdest du zu einem Buch geführt, dass dir die Info, die du brauchtest, lieferte? Das sind alltägliche Beispiele für deine Kraft, die aus dem Gesetz der Anziehung resultiert. Einfach ausgedrückt, Gleiches zieht Gleiches an. Wenn du ständig denkst, »Ich werde meinen Job verlieren«, wirst du deinen Job verlieren. Das Gleiche gilt für positive Gedanken. Der Intuitionsprozess reinigt deine Anziehungskraft, indem er deine Gedanken zurück zum Positiven führt.

Universelle Energie. Die Energie des Universums ist in uns allen. Negative Gedanken, Gefühle und Annahmen können uns davon abhalten, seine Geschenke zu empfangen. Wenn du ein tolles Leben führen willst und wirklich bereit bist, eine neue Idee zu akzeptieren, kann ich dir beibringen, wie du diese Energie in dir anzapfst. Wenn du intuitiv genug bist, um diese Energie zu empfangen, wird eine Welle von Liebe deinen Körper und deinen Geist durchfluten, wann immer du sie herbeirufst.

Manifestation. Das äußere Ergebnis einer inneren Absicht. Der Prozess, deinen Wünschen Gestalt zu verleihen, indem du deine Energie mit kraftvoll fokussierten Gedanken und präziser Vision aktivierst.

Jetzt, wo du mit den intuitiven Begriffen vertraut bist, können wir die Reise beginnen. Schlüpf in deine Sneakers, nimm dein Notizbuch, einen Stift und iPod und bereite dich auf dein erstes intuitives Abenteuer vor.

KAPITEL 1

Fühlen: Aufgeben, dann loslassen

Der Kurs zielt nicht darauf ab, die Bedeutung der Liebe
zu lehren, denn das ist jenseits dessen, was gelehrt werden kann.
Er zielt vielmehr darauf ab, die Blockaden zu entfernen,
die dich daran hindern, dir der Gegenwart der Liebe,
die dein angestammtes Erbe ist, gewahr zu sein.

Einleitung, Ein Kurs in Wundern

Als Alison neun Jahre alt war, kam sie eines Tages aus der Schule nach Hause und stellte fest, dass ihr Vater gegangen war und das Hab und Gut der Familie weitestgehend mitgenommen hatte. Alisons Mutter brach völlig zusammen. Sie zog sich für die nächsten Monate in ihr Zimmer zurück und weinte ununterbrochen. Überfordert von dem Geschehen verschloss Alison ihre Gefühle im Inneren, um so die Realität dessen, was um sie herum vorging, zu vermeiden. Trotz ihrer Bemühungen, das Trauma der Scheidung ihrer Eltern auszublenden, hatte das Ereignis aber natürlich eine unmittelbare Wirkung auf sie. Sie war ein selbstbewusstes, fröhliches Mädchen gewesen, jetzt jedoch wurde sie reservierter und hatte weniger Selbstvertrauen.

Spulen wir fünfzehn Jahre vor. Als Alison zu mir zum Coaching kam, berichtete sie mir von der Scheidung ihrer Eltern. Ich war überrascht, wie gelassen sie darüber redete. Trotz der traumatischen Details, die sie mir mitteilte, schien sie buchstäblich ungerührt. Es war, als erzählte sie mir von einem Film, den sie am Tag zuvor gesehen hatte. Dann erzählte sie mir, wie ihr Leben aktuell aussah. Sie hielt sich für unzulänglich in allen Bereichen ihres Lebens, vor allem in Beziehungen. »Die Männer sind ätzend, und es funktioniert nie«, beklagte sie sich. Sie vertraute nur selten jemandem und ließ kaum einen Menschen nah an sich heran. Trotz ihres coolen Auftretens sah ich das unschuldige, neunjährige Mädchen, das darum bettelte, von dem Schmerz tief in ihr erlöst zu werden. Ich fragte sie, ob sie sich jemals um ihre Gefühle wegen der Scheidung der Eltern gekümmert hätte, und sie erwiderte: »Oh ja, mit den Jahren bin ich darüber hinweggekommen.« (»Darüber hinweg« ist das entscheidende Wort.) Ich erfuhr, dass sie jahrelang *darüber hinweg* gegessen hatte, *darüber hinweg* nachgedacht und *darüber hinweg* eingekauft hatte. Und dadurch, dass sie ihre Gefühle über die Scheidung der Eltern begraben hatte, hatte Alison sich nie die Chance gegeben, das Trauma *zu heilen*.

Wie Alison haben wir alle Momente erlebt, in denen wir verletzte Gefühle und Schmerz verdrängt haben, statt mit ihnen umzugehen. Bei dir ist die Quelle des Schmerzes vielleicht nicht so offensichtlich wie bei Alison. Dir ist vielleicht noch nicht einmal klar, dass er überhaupt existiert. Doch ich verspreche dir, er ist da – wenn auch nicht mehr lange. In diesem Kapitel werde ich dir helfen, deine ungeheilten Wunden aufzudecken, damit du negativen Gefühlen entgegentreten kannst, die du über die Jahre unterdrückt hast. Möglicherweise ist das neu für dich. In unserer Kultur haben wir leider nicht gelernt, uns im Hinblick auf unsere Gefühle wohl zu fühlen. Wir sind gewöhnt, mit der Logik und dem Pragmatismus unserer linken Gehirnhälfte zu denken, und ignorieren die Fähigkeit unserer rechten Gehirnhälfte, in unsere Emotionen einzutauchen. Daher verleugnen oder ignorieren viele Menschen ihren ungeheilten Schmerz, statt sich damit zu befassen und so wieder heil werden zu können.

Aber zunächst wollen wir einmal klären, was eigentlich so falsch daran ist, schlechte Gefühle zu verdrängen, statt sich sofort damit zu befassen. Wenn ich doch die problematischen Gefühle irgendwohin wegdrücke, warum soll das so schlecht sein? Ist es so nicht besser, als wenn ich ständig daran denken muss und sie dadurch Schaden anrichten? Das Problem bei dieser Logik ist, dass der Schaden genau dann entsteht, *wenn* sie unterdrückt werden. Wenn du dich deinen negativen oder schmerzlichen Gefühlen nicht stellst, dann bleibst du in der Phase des *Darüber-Hinwegkommens* stecken und verhinderst so wahre Heilung. Kannst du dich noch an das Ego erinnern? Das ist dieses hinterhältige kleine Kerlchen, das sich im Schmerz der Vergangenheit badet, ihn in der Gegenwart neu erschafft und ihn in die Zukunft projiziert. Und das Schlimmste ist, du merkst nicht mal, dass das passiert. Du bist der Meinung, die schmerzlichen Gefühle seien so tief vergraben, dass sie keinen Schaden verursachen können. Und dabei hat dein Ego – ohne deine Erlaubnis oder dein Wissen – diese verborgenen Gefühle längst entdeckt und richtet mit der negativen Energie, die es daraus gezogen hat, Unheil an. Höchstwahrscheinlich rührt dein Ego in einem großen Topf voller »einschränkender Annahmen«, mit denen es dich füttert. »Ich bin unattraktiv und nicht liebenswert«, »Ich bin einfach nicht klug genug für den Job«, »Ich kann überhaupt nicht mit Geld umgehen und werde niemals weiterkommen«, »Mit mir wird man einfach nicht warm«, »Ich vertrage alle möglichen Lebensmittel nicht«, »Ich bin faul«. Als Coach habe ich erlebt, wie sich verleugnete Gefühle in einschränkende Annahmen verwandeln, die Leute komplett davon abhalten, notwendige Veränderungen in ihrem Leben vorzunehmen, oder schlimmer noch, zu selbstzerstörerischen Verhaltensweisen führen. Aber das Ego ist nicht immer so offensichtlich; manchmal ist es fast unmöglich zu erkennen, dass hinter einem bestimmten negativen Thema in deinem Leben unterdrückte schmerzliche Gefühle stehen. Das kannst du oft nur herausbekommen, wenn du deine einschränkenden Annahmen überwindest und dann abwartest, welche *positiven* Ergebnisse sich einstellen.

Aber wie kannst du lange begrabene schlechte Gefühle aufdecken, wenn du noch nicht einmal weißt, dass sie da sind? Die Antwort ist einfach: Intuition. Es ist an der Zeit, die Intuitionsgleichung anzuwenden, beziehungsweise für dieses Kapitel die Gefühlsgleichung. Und so läuft es ab: Die Gefühlsgleichung ist einzigartig, weil sie über einen zusätzlichen Schritt verfügt: Fühlen. Dieser Schritt hilft dir, alte Wunden zu identifizieren, die du vielleicht vermeidest. Und dann wirst du angeleitet zu fühlen. Wenn du dir erst einmal erlaubst zu fühlen, kannst du dich dem Heilungsprozess hingeben. Die Gefühlsgleichung bringt dich dazu, vergangene Wunden furchtlos mit Jodtinktur zu behandeln. Es tut nur kurz weh, und dann beginnt die Wunde zu heilen. Dieser kurze Schmerz ist der wesentliche Schritt des Fühlens. Am schwersten ist es, die Wunde richtig zu säubern. Ist der Heilungsprozess erst einmal in Gang gesetzt, legt sich bald schon Schorf über die offene Wunde, und innerhalb weniger Wochen ist rosige neue Haut darüber gewachsen. Nach einem Monat siehst du nur noch eine helle Narbe, die sanfte Erinnerung an eine alte Lektion.

Aber bevor du mit der Gefühlsgleichung anfängst, möchtest du wahrscheinlich genau wissen, wie die »Veränderung« aussehen wird. Und welche Eingebung kannst du erwarten? Ungeheilte Gefühle aus der Vergangenheit halten dich davon ab, wirklich glücklich zu sein. Hinzu kommt, dass dein Gehirn aus alter Gewohnheit auch neue schmerzliche Gefühle verdrängt, die entstehen können. Das wird zu einem Teufelskreis: da du dir nie erlaubt hast, mit schmerzlichen Gefühlen umzugehen, hast du auch nicht die entsprechenden Fähigkeiten entwickelt. Dein ganzes Leben lang verdrängst du deine negativen Gefühle einfach, und alles, was du tust, ob du redest, denkst oder handelst, geschieht über dem Schmerz.

Und tief im Inneren quält dich eine negative Stimme mit den Worten »Ich bin nicht gut genug«. Innerhalb kürzester Zeit gelingt es der nörgelnden Stimme, dir diesen Gedanken einzupflanzen, und er schlägt in dir Wurzeln, so dass du tatsächlich davon ausgehst, nicht gut genug zu sein.

Aber es gibt eine gute Nachricht. Mit der Gefühlsgleichung wird es dir in diesem Bereich deines Lebens gelingen, deine Gedankenmuster komplett zu ändern und damit all diese negativen Gefühle aufzulösen. Am Ende dieses Prozesses werden an ihrer Stelle Gefühle der Selbstliebe und des Friedens wachsen. Und am coolsten sind die Veränderungen, mit denen du gar nicht gerechnet hast. Denk daran, du befreist dich nicht nur von negativen Gefühlen, du wirst auch all die einschränkenden Annahmen los, die aus der negativen Energie entstanden sind, die in den schlechten Gefühlen steckte.

An Inspiration kannst du folgendes erwarten: ungelöste schmerzliche Gefühle nehmen viel Raum in deiner Psyche ein, und wenn du erst einmal all diese schmerzlichen Gefühle hinausgeworfen hast, hast du Platz geschaffen für Tonnen von Inspiration. Die erste Liebe meiner Klientin Molly brach ihr das Herz, als sie herausfand, dass er praktisch in den gesamten sieben Jahren, die sie zusammen gewesen waren, fremdgegangen war. Nachdem sie sich getrennt hatten, machte sie sich an die viel gepriesene »Selbstverbesserung«: Sie wurde schlank und fit, hatte neue, coole Freunde und zog sogar aus ihrer Collegestadt nach New York City, wo sie einen tollen Job bekam. Aber sie hatte sich nicht um die schmerzlichen Gefühle gekümmert, die der Betrug in ihr ausgelöst hatte. Bezeichnenderweise hatte sie mit den Männern in der großen Stadt nur Pech.

Dann fing ihr Ex auf einmal an, sie anzurufen. Plötzlich übermannten sie alle Gefühle von Verletztheit und Verrat, die sie jahrelang vergraben hatte. Ein paar Tage lang war sie völlig am Boden. Aber in dieser Zeit redete sie mit ihrer besten Freundin über die Gefühle und heulte sich richtig aus. Letztendlich erklärte sie ihrem Ex, sie sei jetzt bereit, ihn loszulassen, und er solle sie nicht mehr anrufen. Nach dieser Erfahrung entwickelte sie neues Selbstbewusstsein. Kurz darauf lernte sie einen tollen Mann kennen und verliebte sich in ihn.

Kürzlich erst habe ich die Wunden meiner Vergangenheit in etwas Schönes, Neues verwandelt. Mehr als einen Monat lang quälte ich mich mit dem Gefühl, nicht klug genug zu sein, um dieses Buch zu schreiben. Dieser Glaube, nicht klug genug zu sein, ging auf das sechste Schuljahr zurück, als ein Junge, den ich toll fand, mich dumm nannte. Von diesem Zeitpunkt an glaubte ich tatsächlich, ich sei dumm! Ich versuchte mit allen möglichen Taktiken, über diese einschränkende Annahme hinwegzukommen, aber das Gefühl verschwand einfach nicht. Und als ich dieses Buch schreiben wollte, schlug es mit voller Wucht zu. Um überhaupt mit dem Schreiben anfangen zu können, musste ich zunächst einmal mit dem Gefühl vertraut werden und es dann loslassen. Also machte ich mich daran, den Schmerz aufzulösen, indem ich ihn einfach fühlte. Ich badete sozusagen in dem Gefühl und wurde neugierig darauf. Ich fand heraus, wo das Gefühl ursprünglich herkam, und akzeptierte, dass es nicht wahr war. Meine innere Stimme oder Intuition sagte mir, ich sei der Aufgabe absolut gewachsen, und ich stellte diese innere Stimme so laut, dass die negative einschränkende Annahme übertönt wurde. Indem ich in das Gefühl eintauchte, konnte ich es heilen.

Und jetzt wollen wir uns mal auf den Weg des Fühlens begeben. Bevor du mit der Gefühlsgleichung beginnst, musst du erst einmal ergründen, welchen Schaden dein Ego über die Jahre bei deinen verdrängten negativen Gefühlen angerichtet hat. Mit folgenden Fragen kannst du sie aufdecken: *Hast du das Gefühl, aus Angst verletzt oder enttäuscht zu werden, in negativen Mustern festzustecken? Hast du das Gefühl, in bestimmten Bereichen deines Lebens nicht gut genug zu sein? Hast du quälende Stimmen im Kopf, die dir sagen: »Ich bin einfach nicht gut in Beziehungen«, »Ich bin nicht gut genug, um Erfolg im Leben zu haben« »Mir fällt es schwer, Geld zu verdienen«?*

In *Ein Kurs in Wundern* steht. »Angst zu haben scheint etwas Unwillkürliches zu sein, etwas, das jenseits deiner eigenen Kontrolle liegt«. Genau das ist bei deinen einschränkenden Annahmen passiert. Diese Gedanken entziehen sich komplett deiner Kontrolle – mittlerweile sind sie dir zur zweiten Natur geworden. Du identifizierst dich so sehr mit ihnen, dass sie deine Wahrnehmung von dir selbst verkörpern. Wenn du auf diese Stimmen stößt, solltest du sie so akzeptieren, wie sie sind – recycelte negative Energie aus unterdrücktem Schmerz – und vor allem, wie sie *nicht* sind: SIE SIND NICHT DIE WAHRHEIT!

Die Gefühlsgleichung:

30 Tage zum Heilen

Schritt eins: Fühlen

C. G. Jung, der Begründer der analytischen Psychologie, sagt: »Das Fundament jeder Geisteskrankheit ist die Vermeidung von legitimem Leiden.« Um das Gefühl also zu heilen, musst du es fühlen. Wenn du bereit bist, deine negativen Gefühle zu erfahren, lösen sie sich. Widerstehst du aber dem Schmerz, verursachst du immer noch mehr. Hab keine Angst zu fühlen. Es ist die Angst vor dem Gefühl, die dich von der Heilung abgehalten hat. Ich bitte dich, das Pflaster jetzt abzureißen und deine Art zu fühlen neugierig zu betrachten. Schließ deine Augen und stell dir die folgenden Fragen: *Wie kann ich dieses Gefühl beschreiben? Bin ich traurig, angstvoll oder besorgt? Ist es noch schlimmer? Wo fühle ich es in meinem Körper? Wie* fühlt es sich an? Ist es wund? Hat es eine Farbe? Welche Form hat es? Schnürt es mir den Hals zu? Was liegt darunter? Gibt es ein Wort, das damit verbunden ist? Eine Person? Eine Zeit? Frag dich alles, was dir helfen kann, das Gefühl hinter deinen Gedanken zu identifizieren. Schieb es nicht weg, denk es nicht weg – bleib einfach dran. Wenn du deine Gefühle neugierig untersuchst, dann stößt du vielleicht auf den Ort, wo sie begonnen haben. Bei vielen Menschen ist das die Kindheit.

Schritt zwei: Umdenken

Jetzt nimmst du diese negativen Gefühle und denkst sie um in positive Gefühle der Selbstliebe. Dazu schließe die Augen, atme tief durch die Nase ein und durch den Mund aus. Nimm dir einen Moment Zeit, um dich mit deinem Atem zu verbinden. Dann frage dich: *Welche Annahmen habe ich über mich selbst, die mich zurückhalten?* Schreib die Antworten auf. Streiche die einschränkenden Annahmen durch und ersetze sie durch neue Affirmationen. Wenn deine einschränkende Annahme lautet »Ohne Mann bin ich unvollständig«, dann ersetze es durch »*Ich bin vollständig, so wie ich bin*«. Wenn deine einschränkende Annahme ist »Ich bin nicht gut genug«, drehe es um in »*Ich bin wundervoll, so wie ich heute bin*«. Vielleicht möchtest du etwas anführen, das du loslassen wolltest. In diesem Fall kannst du die Affirmation verwenden: »*Ich lasse _____ los und erlaube mir, meine Gefühle zu fühlen*«.

In den nächsten dreißig Tagen solltest du jeden Tag mit deinen Gefühlen verbringen. Wenn du feststellst, dass einschränkende Annahmen aufkommen, erkenne einfach an, was für ein Gefühl sie dir neunzig Sekunden lang vermitteln und atme. Ein Gefühl kann in neunzig Sekunden durch dich hindurch fahren. Wenn du es mindestens neunzig Sekunden lang gefühlt hast, wende dich deiner Umkehr-Affirmation zu. Sag deine positive Affirmation laut und gehe dann weiter deinem Alltag nach. Tu dies so oft wie möglich.

Schritt drei: Umdenken + bewegen

Manchmal sind deine Gefühle so tief begraben, dass wir sie körperlich durchschütteln müssen. Denk dran, dass wir unsere Gefühle nicht nur in unserem Geist und unseren Herzen tragen, sondern auch in unseren Körpern mitschleppen. Jetzt solltest du aufhören, *um* sie *herum* zu tanzen, sondern einfach *mit* ihnen tanzen. Verarbeite deine neue Affirmation zu einer Art Tanz. Du wirst feststellen, dass mit jedem Beat und jeder rhythmischen Bewegung sich echte Klarheit einstellt. Du kannst diesen Tanz ganz bequem zu Hause durchführen. (Vor einem Spiegel zu tanzen gehört zu den Freuden des Lebens!) Du kannst auch zu deiner eigenen Musik tanzen. Lass zu, dass deine Gefühle an die Oberfläche kommen, und lass mit jedem Takt negative Gefühle los.

Ich habe festgestellt, dass Tanzen zu den besten körperlichen Aktivitäten gehört, um blockierte Gefühle loszulassen. Kürzlich erst habe ich zum Beispiel immense emotionale Erleichterung im Tanzkurs eines Tanzstudios namens S Factor erlebt. Es war allerdings kein typischer Tanzkurs. Die Tänzerin und Schauspielerin Sheila Kelley hat das Studio gegründet. Vor über zehn Jahren probte Sheila für ihre Rolle als Stripperin in einem Film. Da sie den Charakter tiefer erforschen wollte, ging sie in einen Stripclub und ließ sich von den Frauen, die dort arbeiteten, im Pole Dancing unterrichten. Sheila wurde schnell klar, dass die Bewegungen beim Tanzen an der Stange viel wichtiger sind, als wir glauben. Sie lernte, dass die Bewegungen die Gelegenheit für innere Transformation und emotionale Heilung mit sich brachten. »Du gibst dich ganz hin und tauchst in deine Emotionen ein«, sagt Sheila.

Da ich alles selber ausprobieren möchte, machte ich mich, nachdem ich Sheilas Geschichte gelesen hatte, sofort auf den Weg zu S Factor in New York City. Als die Lehrerin das Licht ausschaltete, kam ich mir so vor, als sei sonst niemand im

Raum. Die Musik begann durch mich hindurch zu fluten. Innerhalb weniger Minuten strömten mir die Tränen übers Gesicht. Mein Tanz in S Factor nahm mich mit auf eine Reise, bei der ich ungeheilte Gefühle aus einer früheren Beziehung loslassen konnte. Während des Unterrichts merkte ich, dass diese Gefühle noch weiter zurückgehen als bis zu dieser einen Beziehung. Als mir das klar wurde, tanzte ich immer weiter durch meinen Zeitstrahl der Liebe und die tief verwurzelte Traurigkeit, die ich eigentlich *überwunden* zu haben glaubte. Ich konnte tief vergrabene Gefühle loslassen.

Eine weitere unglaublich heilende Tanzmethode heißt 5Rhythms. Gabrielle Roth hat sie erfunden. Hinter 5Rhythms steht die Philosophie, »dass die Psyche in Bewegung sich selbst heilt«. Ich habe selbst miterlebt, wie viele Leben die 5Rhythms-Tanzbewegung geheilt hat. Mehr zu 5Rhythms und S Factor findest du unter www.gabbyb.tv.

Schritt vier:
Empfangen (Meditieren/intuitives Schreiben) Meditieren
Meditation ist nicht nur etwas für dickbäuchige Buddhas auf Sitzkissen. Die Ergebnisse, die du erzielst, wenn du täglich meditierst, sind erstaunlich. Du kannst mir glauben: Fünf Minuten am Tag, die du still mit deiner Intuition verbringst, können dein Leben ändern. Das Konzept der Stille könnte dir neu sein, wenn man bedenkt, dass in unserer Gesellschaft nach dem Motto gelebt wird, »geh hinaus und hol es dir«. Aber es ist eine Tatsache, Meditation ist das Werkzeug in der intuitiven Kiste, das dich am meisten verwandelt. Mach dir keine Sorgen, wenn Meditation für dich neu ist. Ich habe es dir einfach gemacht. Ich habe meine Stimme mit Musik unterlegt, um dich durch deine Meditation zu führen. Schalte einfach ein und lass dich von meiner Stimme führen. Die geführte Meditation findest du auf www.gabbyb.tv/meditate. Wenn du keinen iPod oder MP3 Player hast, kannst du der

abgedruckten Meditation folgen. Und wenn du willst, kannst du im Hintergrund leise Musik spielen.

Meditation

Atme tief durch die Nase ein und durch den Mund aus.
Lass deine Gedanken sanft werden und verbinde dich mit deinem Körper.
Identifiziere den Bereich in deinem Körper, der an dem Schmerz festhält.
Atme tief in diesen Schmerz hinein.
Lass den Schmerz beim Ausatmen los.
Lass dich von deinen Gefühlen leiten, während deine Gedanken sanft werden.
Frage dich liebevoll, woher diese Gefühle gekommen sind.
Kannst du eine Zeitperiode mit diesen Gefühlen verbinden?
Gibt es eine Person oder eine spezifische Situation, die damit verbunden werden kann?
Lass dich von deinen Gefühlen leiten.
Stelle fest, wo dein Schmerz herkam, während du mit jedem Atemzug tiefer in das Gefühl eintauchst.
Öffne dein Herz und deinen Geist, um diese Gefühle willkommen zu heißen.
Erinnere dich liebevoll daran, dass es völlig in Ordnung ist zu fühlen.
Atme ein und fühle das Gefühl.
Atme aus und lass los.

Intuitives Schreiben

Intuitives Schreiben ist Schreiben in Bewusstseinsstrom-Technik, bei der deine innere Stimme zutage tritt. Beginne sofort nach der Meditation als Reaktion auf deine Gefühle mit dem intuitiven Schreiben. Schreibe zu den folgenden Fragen: *Wo in meinem Körper sind diese Gefühle? Woher kommen sie? Was haben sie mir gesagt?* Das intuitive Schreiben meiner Klientin

Devin sah zum Beispiel so aus: »*Meine Gefühle leben in meiner Brust. Sie sind so unbehaglich, dass es mir schwerfällt zu atmen. Ich kann sie als inadäquat, hässlich und einfach widerlich beschreiben. Diese Gefühle kommen von irgendwo, wahrscheinlich aus meiner Kindheit. Wenn ich an mich als kleines Mädchen zurückdenke, weiß ich, dass ich mich nicht klug, nicht hübsch und nicht so gut wie meine große Schwester gefühlt habe. Ich habe mich überflüssig gefühlt. Die meiste Zeit kam es mir so vor, als wenn ich allen egal wäre. Der beherrschende Gedanke hinter diesen Gefühlen ist, dass ich mich einfach nicht gut genug fühle.*«

Nimm Devins Text als Beispiel und schreibe intuitiv etwa fünfzehn Minuten lang. Über die Entdeckungen, die du dabei machst, sprechen wir noch in anderen Kapiteln. Lass deine Gedanken frei werden, tauche in die Gefühle ein und identifiziere ihren Ursprung. Und vor allem, *fühle.*

30 Tage fühlen

Nachdem wir jetzt die einzelnen Schritte der Gefühlsgleichung einmal zusammen durchgegangen sind, hoffe ich, dass sie Teil deiner regelmäßigen intuitiven Praxis werden. Wenn du dir erst einmal gestattet hast, deine wahren Gefühle anzuerkennen und zu fühlen, dann werden sie schwächer. Und wenn du dir in den nächsten dreißig Tagen regelmäßig erlaubst zu fühlen, lösen sie sich auf. Es wird nicht über Nacht passieren, aber mit der Zeit verändern sie sich. Du kannst es mit dem Besuch im Sportstudio vergleichen. Du trainierst in der ersten Woche und hast Muskelkater. Nach zwei Wochen fühlst du dich ein bisschen stärker, und nach einem Monat bist du besser in Form. Es ist die Wiederholung der Übung, die die Veränderung bringt. Außerdem schaffst du viel Raum für Inspiration. Und dank dieser Inspiration wirst du bereit sein, noch mehr Intuition aufzunehmen.

KAPITEL 2

Vergeben:
Befreie dich selbst

Heute üben wir uns darin, Vergebung zu erlernen.
Wenn du gewillt bist, kannst du heute lernen,
den Schlüssel zum Glück zu nehmen
und ihn für dich zu nutzen.

EIN KURS IN WUNDERN

In meiner ersten Coaching-Sitzung mit Hanna beklagte sie sich, sie sei wütend, verbittert und stecke in allen Bereichen ihres Lebens fest. Sie fand das Leben hart, alles richtete sie sich gegen sie, und sie musste sich ständig wehren. »An allen meinen Problemen ist nur meine Familie und unsere Kultur schuld. Mir wurde schon von klein auf eingeredet, ich könne nur Ehefrau und Mutter sein«, sagte sie. Hannas negative Reaktionen auf ihre Familie schürten ihre Wut und ihren Groll nur noch. Aus diesem Teufelskreis negativer Gefühle gegen ihre Familie kam sie nicht mehr heraus. Sie beeinträchtigten ihre Arbeit und ihre Beziehung zu ihrem Ehemann.

Ich erklärte Hanna, am besten ginge man durch Vergebung gegen Negativität und Groll vor. Ich arbeite ständig damit, ob ich nun Vorträge halte oder mit meiner Mom spreche. Ich erklärte ihr, dass ich durch die Verwendung dieses Wortes zahlreiche wundersame Momente erlebt habe. Und ich bat Hanna, es selber auszuprobieren. »Hol tief Luft und schick deiner Familie eine große Portion Vergebung«, wies ich sie an. »Wenn du ausatmest, sage »*Ich vergebe euch*«. Hanna lachte und antwortete: »Ihnen vergeben! Warum soll ich *ihnen* denn vergeben? *Ich* bin hier das Opfer!« Ich erklärte ihr, dass sie auch das Opfer bleiben würde, wenn sie sich weiter dafür *entscheiden* würde, das Opfer zu sein. Und dass ihre Wut auf andere sie selbst mehr verletzen würde, als sie wisse. Sie hatte die Rolle des Opfers täglich geprobt, und dieser Teufelskreis konnte erst enden, wenn sie lernte zu vergeben. Wenn sie ihr Leben ändern und sich von ihren negativen Mustern befreien wollte, musste sie vergeben.

Um Hanna die Bedeutung von Vergebung klarzumachen, brachte ich eine intuitive Metapher ins Spiel. Ich verglich ihr Zögern zu vergeben mit Wasserskilaufen – aber auf die falsche Art. Die erste Regel beim Wasserskilaufen ist: wenn du stürzt, musst du *sofort* das Seil loslassen.

Das erste Mal, dass ich auf Wasserskiern stand, war auf dem Copake Lake, upstate New York. Bei meinem ersten Versuch machte ich meine Sache gut, und es gelang mir wahrhaftig, stehen zu bleiben. Es war toll, so übers Wasser zu fliegen, und den Wind und die Gischt im Gesicht zu spüren. Am liebsten hätte ich nie mehr aufgehört. Deshalb hielt ich das Seil krampfhaft fest, auch als ich begann, die Kontrolle zu verlieren. Meine Freundinnen, die mich vom Boot aus beobachteten, schrien: »Lass das Seil los!« Aber ich hörte nicht auf sie. Das Boot zog mich immer weiter, und obwohl ich das Gefühl hatte, die Arme würden mir aus den Gelenken gerissen, hielt ich immer weiter fest. Die Wellen klatschten mir ins Gesicht und schlugen über meinem Kopf zusammen. Meine Beine zitterten, und mir tat alles weh. Es wäre leicht gewesen, alles Mögliche für meine missliche Lage verantwortlich zu machen – die Geschwindigkeit des Bootes, meine Ausrüstung, das aufgewühlte Wasser. Aber in Wahrheit war ich an jenem Tag mein eigenes Hindernis. Schließlich taten mir die Arme so weh, dass ich endlich das Seil los ließ. Und kaum hatte ich losgelassen, lag ich frei und friedlich im Wasser. Ich drehte mich auf den Rücken und ließ mich, getragen von meinem Rettungsgürtel, treiben. Glück und Erleichterung überfluteten mich.

An altem Groll, an Gewohnheiten und Situationen festzuhalten ist so, als würdest du von einem Rennboot gezogen. Du denkst vielleicht, dass dein Freund, deine Mutter, dein Unternehmen, deine Kindheit, deine Freunde oder die Umstände den Zustand schaffen, in dem du feststeckst. Aber du hast mehr Kraft, als du glaubst oder vielleicht zugeben willst.

Hanna begriff meine Metapher, aber ich sah ihr an, dass sie mit dem, was ich ihr sagte, noch nicht so ganz einverstanden war. Sie verstand zwar, dass Vergebung zum Loslassen führte, aber ihr war nicht klar, wo sie anfangen sollte. »Dazu braucht man ja ein Wunder!«, stieß sie verwirrt hervor. »Ja, genau, du sagst es«, erwiderte ich und zitierte für sie einen Satz aus *Ein Kurs in Wundern*: »Wunder geschehen auf natürliche Weise, als Äußerungen der Liebe.« Ich erklärte ihr, dass das Wunder der Vergebung weniger ein äußeres Ergebnis ist als vielmehr eine innere Veränderung. Wenn du Liebe ausdrückst statt Negativität und Angst, wird das Wunder eintreten. Wenn du Vergebung wählst, lässt du die Person los und entscheidest dich statt für deine alte chaotische Art zu denken für einen friedlichen Geisteszustand. Das Wunder geschieht, wenn du deinen Geist änderst. Und obwohl die Veränderung außen viele wundervolle Dinge bewirken kann, findet das wahre Wunder im Inneren statt. Und jedes Mal, wenn du jemandem vergibst, wählst du Liebe statt Angst und veränderst deine Wahrnehmung. Bei Hanna war es so, wenn sie mehr Freiheit in ihrer Familie erfahren wollte, dann musste auch sie ihnen in ihren Gedanken mehr Freiheit geben. Das war für sie schwer zu begreifen, daher forderte ich Hanna auf, sich über das *Wie* keine Gedanken zu machen, sondern einfach mit dem *Zulassen* zu beginnen. Damit meinte ich im Grunde, sie solle »sich entspannen und intuitiv vorgehen«.

Trotz ihres anfänglichen Widerstands war Hanna bereit, die Intuitionsgleichung zu testen, um zu sehen, worum es bei dieser »Erfahrung von Wundern« überhaupt ging. Indem sie die Vergebungsgleichung dreißig Tage lang durchführte, lernte sie, ihre Familie ganz anders wahrzunehmen. Durch ihr Vergeben wurde ihr klar, dass ein Bedürfnis zu vergeben nur ein Ruf nach Liebe ist. Groll ist ein sicheres Zeichen dafür, dass Liebe in einer Situation fehlt. Der Prozess des Vergebens soll dich lehren, dass die Weigerung des Egos zu vergeben auf illusorischen Wahrnehmungen beruht. Das Ego nährt sich von Angst aus der Vergangenheit, die es in der Gegenwart neu erschafft. In Hannas Fall handelte es sich um ihre angstvollen Erinnerungen aus der Kindheit, die sie ständig in ihrer Gegenwart wiederholte. Jedes Mal, wenn ihre Familie sie am Freitagabend zum Essen einlud, glaubte sie, in ihr altes Leben zurückgeholt zu werden – obwohl es die Geschichte heute gar nicht mehr gab. Sie existierte nur noch in ihrem Kopf. Indem sie ihrer Familie ihr Verhalten aus der Vergangenheit vergab, konnte Hanna die alte Geschichte loslassen. Sie hörte auf, das Opfer zu spielen. Und sie begann, ihre Beziehungen zu den Mitgliedern ihrer Familie so zu erfahren, wie sie heute sind, und nicht so, wie sie vor fünfzehn Jahren waren.

Schon bei der kleinsten Bereitschaft wirst du Veränderung erleben. In Bezug auf Vergebung hast du die Wahl: Zum einen kannst du weiter wütend und unglücklich sein, zum anderen kannst du vergeben, loslassen und glücklich sein. Vergebung führt zu Freude und Frieden im Geiste. Die Freude empfindest du vielleicht sofort als überwältigendes Gefühl der Erleichterung oder einen Moment des Mitgefühls und aufrichtiger Liebe. Vielleicht dauert es auch eine Weile, bis du die Veränderung fühlst. Vielleicht erkennst du dieses Gefühl der Freude und des Friedens, wenn etwas geschieht, das dich normalerweise beeinträchtigen würde, aber in diesem Augenblick ist es dir völlig egal.

Bei Hanna lief es folgendermaßen ab: Nachdem sie dreißig Tage lang die Vergebungsgleichung durchgeführt hatte, stellte sie fest, dass sich ihre Familie nicht sonderlich geändert hatte, verändert hatten sich jedoch ihre Gefühle ihnen gegenüber und wie sie sich fühlte, wenn sie mit ihnen zusammen war. Die Erwartungen ihrer Familie und die zweideutigen Bemerkungen, die sie wahnsinnig gemacht hatten, störten sie emotional nicht mehr. Sie konnte sie sofort loslassen und empfand Frieden dabei. Und als Resultat ihrer friedlichen Reaktionen begann auch ihre Familie langsam ihre Haltung zu verändern. Mit der Zeit entschieden sich alle für Liebe statt für Angriff. Heute hat Hanna vollstes Vertrauen in die Macht des »V«-Wortes. Nimm Hannas Geschichte als kraftvolles Beispiel: Wenn du bereit bist, die wundersame innere Veränderung der Vergebung zu erfahren, dann folge mir in die dreißigtägige Vergebungsgleichung. Lass das Seil los und erwarte Wunder!

Hannas obsessive, vorwurfsvolle, wütende und unnachgiebige Gedanken waren der Grund, warum sie das Seil nicht losließ und direkt ins Unglücklichsein hineinsteuerte. Vielleicht ist dein Mangel an Vergebung genauso offensichtlich wie bei Hanna, aber vielleicht liegt er auch mehr im Verborgenen. Du denkst vielleicht, »Ich bin immer noch wütend auf meinen Ex-Freund, aber es spielt keine Rolle, weil er weit weg lebt«. Doch wenn du die losen Enden deiner mangelnden Vergebung nicht zusammenknotest, dann wirst du immer weiter das Opfer spielen. Vielleicht nicht bei deinem Ex, aber definitiv in zukünftigen Beziehungen. Erst wenn du vergangene Verletzungen durch den Vergebungsprozess loslässt, kannst du die wundersamen Veränderungen erschaffen, die dich das Leben in der Gegenwart genießen lassen.

Wenn du bereit bist, auf dieses Ziel zuzugehen, dann wollen wir mal herausfinden, wem du vergeben musst. Sieh dich um und überleg dir, wer eine »V-Bombe« vertragen könnte.

Um den Ball ins Rollen zu bringen, beantworte die folgenden Fragen: *Welche Beziehungen oder Erinnerungen verursachen bei mir immer noch Schmerzen oder Traurigkeit? Welche negativen Gedanken denke ich wiederholt? Wem will ich nicht vergeben?*

Hier gibt es keine richtigen oder falschen Antworten. Wichtig ist nur, die Situationen zu identifizieren, damit du beginnen kannst, loszulassen. Wenn es dir schwerfällt, Antworten auf diese Fragen zu finden, überleg einmal, ob du Familienmitglieder oder Freunde nach ihrer Sicht der Dinge fragen willst. Beispiele dafür sind:

➤ Mein Ex-Freund hat mich belogen und betrogen. Ich wünschte, es gäbe ihn nicht.
➤ Ich habe immer noch das Gefühl, dass meine Mutter mich nicht genug geliebt hat.
➤ Ich bin wütend auf mich, weil ich zu viel esse und mich nicht an meine Diät halte.
➤ Mein Vater ist schuld, dass ich mich immer für die falschen Männer entscheide.

Die Vergebungsgleichung

Dreißig Tage, um loszulassen

Schritt eins: Umdenken

Um mit dem Vergebungsprozess zu beginnen, solltest du die Menschen, denen du nicht vergeben kannst, aus einem völlig anderen Blickwinkel sehen. Der Umdenkprozess beginnt damit, dass du Mitgefühl für diejenigen empfindest, denen du vergeben musst. Wer in der Lage ist, jemand anderem Schaden zuzufügen, ist ein zutiefst trauriges Individuum. Die folgende Geschichte zeigt, wie sehr sich Mitgefühl auf unsere Sicht anderer auswirken kann.

Ein Rabbi und sein Schüler gingen die Straße entlang. Ein Mann fuhr in einer schicken Kutsche vorbei und stieß den Rabbi in einen Graben. Der Rabbi rief dem reichen Händler nach: »Mögest du alles haben, was du willst!« Der Schüler fragte ihn: »Rabbi, warum hast du das gerade zu einem Mann gesagt, der sich so schrecklich benommen hat?« Der Rabbi erwiderte: »Weil ein glücklicher Mann einen Rabbi nicht in einen Graben drängen würde.«

Der Rabbi sieht die Sache richtig. Ob du es glaubst oder nicht, am besten klopfst du dir den Staub von den Kleidern und hast Mitleid mit denen, die dich verletzt haben. Natürlich kannst du das Verhalten bestimmter Menschen auch unverzeihlich finden. Einem Vergewaltiger oder einem betrunkenen Autofahrer, der jemanden getötet hat, den du liebst, zu verzeihen, mag unmöglich sein. Bei solchen Situationen solltest du nicht einfach nur vergangenes schreckliches Verhalten vergeben, sondern auch gegenwärtiges und zukünftiges. Indem du diesen Menschen vergibst, bietest du ihnen eine Chance, ihr Leben zu verändern und sich dort einzusetzen, wo sie der Welt von Nutzen sein können.

Ein gutes Beispiel dafür ist Victoria Ruvolo, eine vierundvierzigjährige Angestellte. Sie saß am Steuer ihres Wagens, als ein gefrorener Truthahn durch ihre Windschutzscheibe krachte und ihr jeden Knochen im Gesicht brach. Ein neunzehnjähriger Collegestudent namens Ryan war auf die dumme Idee gekommen. Der Aufprall hätte sie töten oder ihr ernsthafte Hirnschäden zufügen können. Deshalb wurde Ryan auch wegen gefährlicher Körperverletzung angeklagt, und der Staatsanwalt forderte fünfundzwanzig Jahre Gefängnis. Zum Glück konnte Victoria erfolgreich operiert werden und erlitt keinen dauerhaften Schaden.

Ein paar Monate später standen sich Victoria und Ryan zum ersten Mal von Angesicht zu Angesicht im Gerichtssaal gegenüber. Ryan weinte und entschuldigte sich für seine Tat.

In diesem Moment vergab Victoria ihm. Sie umarmte den schluchzenden Jungen und sagte: »Es ist okay. Es ist okay. Ich möchte nur, dass du das Beste aus deinem Leben machst.« Sie sorgte dafür, dass Ryan nur sechs Monate im Gefängnis verbringen musste und anschließend auf Bewährung freikam. Victorias Vergebung bot Ryan eine neue Chance, und er lernte eine wichtige Lektion.

Victorias Verhalten lehrt uns, dass Vergebung dem anderen ermöglicht, seine Fehler in Zukunft zu berichtigen. Aber vor allem befreite sie sich. Indem sie ihre Wut losließ, lernte sie die wahre Lektion der Vergebung, jeden mit Mitgefühl und Liebe zu sehen, ungeachtet seiner Taten. Und vor allem lehrt Victoria uns, dass Vergebung dem Täter einer schrecklichen Tat eine wundersame Chance zu Wachstum und Veränderung bietet. Du kannst von Victoria lernen. Versuche Mitgefühl mit den Menschen zu haben, die dir Schaden zugefügt haben. Wenn du dich so frei wie Victoria und der Rabbi fühlen willst, ist es an der Zeit, Mitgefühl aufzubringen.

Erstelle eine Mitgefühl-Liste

Identifiziere die Bereiche, die für die Person oder Personen auf deiner Liste schwierig sind. Sei bereit, ihre Seite der Geschichte zu sehen. Schreibe zum Beispiel: »Mein Vater hat als Kind nicht genug Liebe bekommen, und deshalb kann er sie nicht richtig zeigen.« Oder: »Ich habe Mitleid mit meiner Chefin. Sie steht sichtlich unter Druck, und es fällt ihr schwer, ihre Frustration auszudrücken.«

Sieh auch deinen Part

Als nächstes solltest du versuchen, die Rolle zu sehen, die du in dieser Situation gespielt hast. Möglicherweise fällt dir das sehr schwer, weil du vielleicht glaubst, nichts Falsches getan zu haben und zu hundert Prozent das Opfer zu sein. Wenn das der Fall ist, dann denk an meine Wasserski-Geschichte, und wie schwierig und schmerzvoll es für mich war, das Seil festzuhalten. Ich klammerte mich an die Illusion, es würde leichter werden, wenn ich nur weiterkämpfte. Dieser falsche Eindruck wird uns vom Ego vermittelt. Vielleicht ist dein Part dabei ganz einfach: »Ich war so lange wütend, wie kann ich jetzt meine Wut loslassen?« Zusätzlich fällt es dir vielleicht auch wegen der Taten der anderen Person sehr schwer, deinen Part zu sehen, zum Beispiel wenn du Opfer einer Vergewaltigung oder einer körperlichen Misshandlung geworden bist. Ich weiß, dass es dann fast unmöglich ist, den eigenen Anteil zu sehen. In solchen Fällen ist dein Anteil nur der, dass du an der Wut festgehalten hast. Sieh also deinen Anteil an der Situation, ob du nun tatsächlich etwas getan hast oder ob du nur die Wut nicht loslassen kannst. Das angsterfüllte Ego redet uns ein, wir würden uns vor erneuten Verletzungen oder vorm Fallen schützen, indem wir an altem Groll festhalten. Aber erst im Fallen lassen wir los.

Ändere deine Gedanken

Jetzt ist es Zeit, dass du deine Gedanken änderst. Beginne, indem du eine neue Geschichte erzählst und eine Vergebungsaffirmation formulierst. Diese Affirmation kann zum Beispiel so aussehen: *Ich vergebe dir und lasse dich los.* Oder auch: *Ich akzeptiere, dass du auch leidest, und ich entscheide mich dafür, loszulassen.* Schreib deine eigene Affirmation auf:

_____

In den nächsten dreißig Tagen schickst du deine Affirmation direkt nach dem Aufwachen täglich ans Universum. Sprich sie noch einmal, bevor du schlafen gehst. Du kannst sie auch während des Tages noch einmal wiederholen, wenn du merkst, dass du in alte Denkmuster zurückfällst. Und jetzt nimm deine Affirmationen und dein Springseil!

Schritt zwei: Umdenken und Bewegen

Rezitiere dreißig Tage lang deine neuen Gedankenmuster in Verbindung mit der täglichen Aktivität des Seilspringens. Ich habe für die Vergebungsgleichung Seilspringen gewählt, weil es ein Gefühl des Loslassens auslöst. Wenn du versuchst, zehn Minuten lang Seil zu springen, spürst du ein Gefühl der Befreiung, wenn du das Seil loslässt. Eine einfache Übung wie diese kann dich von deinen Blockaden des Nicht-Vergebens befreien. Denk dran, dass du dich nicht an die von mir vorgeschlagene Aktivität halten musst – du kannst dich mit jeder intuitiven Aktivität bewegen, die dir beim Loslassen hilft.

Bewege dich mindestens zehn Minuten lang. Wenn du Seilspringen wählst, wirst du nach zehn Minuten das Bedürfnis verspüren, das Seil loszulassen. Bring deinen Körper in Einklang mit diesem Gefühl, indem du das Seil einfach loslässt.

Tritt furchtlos aus deiner Komfortzone heraus und genieße den Prozess. Du kannst entweder die Affirmation rezitieren, die du formuliert hast, oder auch ganz einfach diese hier: *Ich lasse los und vergebe.* Denk daran, dass du die Nervenbahnen in deinem Gehirn buchstäblich neu programmierst und dein Denken änderst, wenn du deine neuen Gedanken in Verbindung mit der intuitiven Aktivität affirmierst.

Schritt drei:
Empfangen (Meditieren/intuitives Schreiben)

Steck deinen iPod ein und lass dich von meiner Stimme zur Vergebung führen. (Lade dir die Meditation von www. gabbyb.tv herunter. Wenn du keinen iPod oder MP3 Player hast, dann folge der hier aufgeschriebenen Meditation.) Meditation hat bei mir immer am besten zu Loslassen und Vergeben geführt. Deine Gedanken und Handlungen spielen im Vergebungsprozess eine große Rolle, aber die Macht liegt darin, dass du dein Gefühl veränderst. Deine Taten und Worte bringen dich vielleicht in einen liebevolleren Zustand, aber wenn die Energie hinter deinen Taten unversöhnlich ist, dann kann die wundersame Wandlung nicht vollständig realisiert werden. Wenn deine Energie sich verändert, werden die Menschen in deiner Umgebung es wahrhaft spüren. Meditation ist der letzte Schritt, um deine Energie zur Vergebung zu verändern. Jedes Mal, wenn ich eine Vergebungsmeditation durchführe, folgt darauf ein Wunder. Entweder ruft die andere Person an und entschuldigt sich, schickt eine liebevolle Nachricht, oder ich fühle mich einfach leichter. Ganz gleich, wie das Ergebnis ist, es ist immer wundervoll. Und ungeachtet der äußeren Resultate wird dich erstaunen, was im Inneren geschieht.

Die folgende Meditation soll dir helfen, die Fesseln der Unversöhnlichkeit zu durchschneiden. Die Fesseln repräsentieren deine Wut und Frustration, deinen Schmerz und deine Angst. Dieser Schmerz nützt weder dir noch der anderen Person oder der umfassenden Energie des Universums etwas. Wenn du noch nie meditiert hast, entspann dich einfach, schalt deinen iPod ein und lass dich von meiner Stimme führen.

In dieser Meditation bitte ich meinen Kumpel, Erzengel Raphael, um Hilfe. (Sperr dich nicht dagegen. Die Engel repräsentieren wundervolle heilende Eigenschaften, und ich stehe auf sie.) Erzengel Raphael ist der Engel, der über das Herz herrscht. Er gilt als Elixier des Friedens. Der Frieden, der im Kern deines Wesens liegt, kann durch den Akt der Vergebung aufgerufen werden. Raphael bringt den Frieden zum Vorschein, der deine Wut lindert und deinen Geist beruhigt.

Lade dir jetzt die Audio-Meditation von gabbyb.tv/meditate herunter oder lies einfach weiter.

Atme tief durch die Nase ein und durch den Mund aus.

Denk an die Person, der du vergeben musst. Das kannst auch du selber sein.

Sieh sie vor dir.

Atme tief ein und sage im Geiste: *Ich rufe die Bereitschaft, dir zu vergeben.*

Atme aus – *Ich entscheide mich dafür, dich loszulassen.*

Atme tief ein – *Ich vergebe dir.*

Atme aus – *Ich lasse dich los.*

Atme tief ein – *Ich vergebe dir.*

Atme aus – *Ich lasse dich los.*

Stell dir eine schwarze Schnur zwischen dir und der anderen Person vor.

Diese Schnur repräsentiert deine Wut und deinen Groll.

Mit der Bereitschaft, etwas von uns zu geben rufen wir Erzengel Raphael, damit er uns beim Zerschneiden der Schnur hilft.

Er kommt mit einer goldenen Schere angeflogen.

Er steht über dir und zerschneidet sanft die Schnur.

Beim Ausatmen lässt du los, während du zuschaust, wie die Schnur zu Boden fällt.

Atme bei jedem Einatmen weißes Licht ein.

Das weiße Licht heilt dich, während du die angsterfüllte Fessel loslässt.

Stell dir vor, wie dieses Licht durch deinen Körper fließt, deinen Kopf herunter, durch dein Gesicht, deine Arme herunter durch deinen Bauch, über deine Hüfte, durch deine Beine und in die Erde hinein.

Dieses weiße Licht reinigt deinen Geist und deinen Körper von aller Negativität.

Es klärt dein Herz, sodass du vergeben kannst.

Stell dir vor, dieses weiße Licht ergießt sich aus deinem Herzen.

Gib dieses Licht beim Ausatmen an die Person weiter,
    die dir Schmerz bereitet hat.
Dieses Licht löst die Illusion des Egos auf.
Es löst deine Angst, und dein Groll zerschmilzt.
Es löst dein Festhalten auf.
Atme in das weiße Licht des Vergebens.
Und lasse das weiße Licht los.
Ich vergebe.
Ich lasse los.
Ich vergebe.
Ich lasse los.
Sprich dieses Mantra weiter.

Intuitives Schreiben

Du bist jetzt auf *intuitivem Terrain*. Dies ist der Raum, in dem
dein Geist klar ist, dein Körper gelöst und du bereit bist, dich
mit deiner Intuition zu verbinden. Dies ist der perfekte Zeitpunkt, um neue Ideen herunterzuladen. Das *intuitive Terrain*
schafft den besten Zustand, um klare Führung zu empfangen.
Du bist im Flow, Inspiration erfüllt dein Herz und durch deine Adern fließt Intuition. In diesem Raum kannst du deine
unversöhnlichen Gedanken in Liebe einhüllen und deinen
Groll loslassen.

Weil du auf *intuitivem Terrain* bist, bist du bereit, endgültig
loszulassen. Wähle eine Person, Institution oder Situation, der
du nicht vergeben wolltest und schreibe ihr einen Brief. (Denk
daran, intuitives Schreiben ist eine Bewusstseinsstromtechnik,
du brauchst beim Schreiben nicht nachzudenken.) Schreib
einfach der Reihe nach auf, wie du durch die Situation beein-
trächtigt oder verletzt worden bist. Lass die Worte fließen und
schreib alles auf. Sei gemein, wenn es sein muss. Knirsche mit
den Zähnen. Fluche. Sag alles, was du loswerden willst.

Beende den Brief, indem du feststellst, wie diese Situation
sich auf dein Leben positiv ausgewirkt hat. Sie hat dich viel-

leicht zu einem Buch, einem Vortrag oder einer Selbsterforschung geführt, die dein Leben verändert hat. Der Groll hat vielleicht dafür gesorgt, dass du jemandem begegnet bist, der jetzt eine besondere Rolle in deinem Leben spielt. Denk eingehend darüber nach und erlaube dir, Liebe in dieser Situation zu finden. Leg noch ein wenig Dankbarkeit hinein und beschließe den Brief mit einem einfachen Satz. *»Ich vergebe dir und lasse dich los.«* Befreie dich selbst und benutze Vergebung als Weg zu *innerer Führung,* deiner Intuition.

KAPITEL 3

Gleichgewicht: Die Gelassenheit zurückholen

Ich führe dich zu einer neuen Art Erfahrung,
die du immer weniger verleugnen wollen wirst.

EIN KURS IN WUNDERN

Eine Astrologin hat mir einmal gesagt, ich sei in meiner Mid-life-Krise geboren worden. Für mich war das nicht über-raschend. Ich war damals zwanzig, und bis dahin war mein Leben eine Reihe von Mini-Zusammenbrüchen, Kontrollver-halten und Suchtextremen gewesen. Ich fühlte mich, als liefe ich ständig vor irgendetwas weg. Ich fühlte mich einfach nicht wohl, wenn ich keinen Plan hatte. Ich plante jedes ein-zelne Detail meines Lebens, um nur ja alles unter Kontrolle zu haben. Ich musste jede Situation abschätzen können, und wenn ich nicht jede Stunde des Tages genau vorausgeplant hatte, wurde ich nervös.

Dieses Bedürfnis nach Kontrolle trat in allen Bereichen meines Lebens zutage – in meinen Beziehungen, bei der Ar-beit, in meinen Essgewohnheiten und in meinem Drogen-missbrauch. Zum Glück entstand daraus eine üble Drogen-sucht.

Dass ich »zum Glück« sage, ist ernst gemeint: die Drogen und die Partyszene trieben mich so weit, dass mein Körper nicht mehr mitmachte. (Eines der zahllosen Beispiele dafür, wie mein physischer Körper meinem Geist half, Klarheit zu bekommen.) Im Oktober 2005 zog ich die Notbremse und ergab mich einem Weg der Genesung.

Aber warum musste ich eigentlich gesund werden? Ich hatte tolle Eltern, wuchs in einer netten Gemeinde auf und hatte eine solide Ausbildung. Wovor war ich weggelaufen, und wie war ich letztlich so geworden? Rückblickend verstehe ich diese Zeit in meinem Leben sehr gut. Ich war vor meinen Gefühlen davongelaufen. Meine Wunden aus der Vergangenheit mögen jemandem, der ein schweres Trauma erlitten hat, unbedeutend vorkommen, aber für mich waren sie so tief, dass ich das Verlangen hatte, davor wegzulaufen. Mehr als zehn Jahre vermied ich es, den Schmerz aus der Kindheit zu spüren. Mein Schmerz resultierte aus Situationen, die ziemlich jämmerlich klingen: ein Junge sagte mir, ich sei dumm; ich fühlte mich nicht verstanden oder hatte das Gefühl, nicht gehört zu werden. Diese Situationen klingen unbedeutend, aber für mich waren sie das keineswegs. Wie jeder Mensch erlebte ich als Kind und Jugendliche irgendwelche unangenehmen Gefühle. Das Problem dabei war nicht, dass ich Schmerz erfuhr, sondern dass ich ihn *nicht* erfuhr. Ich lief einfach davon. Das war meine Art zu vermeiden, dass ich den Schmerz tatsächlich erfahren musste.

Und dann hatte ich nach zehnjährigem Dauerlauf das Glück, total zusammenzubrechen. Das kann für jedes Individuum anders aussehen. Die eine Person landet vielleicht im Gefängnis, während eine andere einfach nur eines Tages aufwacht und beschließt, jetzt nicht mehr vor ihren Gefühlen davonzulaufen. Als Life Coach habe ich viele Menschen stürzen sehen. Manche erscheinen in Tränen aufgelöst in meiner Praxis, weil sie zu viele negative Gedanken haben und damit nicht fertigwerden. Andere haben ihre Essstörungen satt und sind bereit zur Veränderung. Es spielt wirklich keine Rolle, wie du hinfällst. Wichtig ist nur, dass du soweit kommst. Ich begrüße meine Klienten, indem ich ihnen gratuliere. Ich gratuliere ihnen, weil das Leben nur dann supercool wird, wenn du beschließt, nicht mehr wegzulaufen, und endlich anfängst zu leben.

Überraschenderweise war ich selbst damals restlos begeistert, endlich auf dem Boden aufgeschlagen zu sein. Ich fühlte mich erleichtert. Und ich stellte mit Begeisterung fest, dass es eine sanftere, ausgewogenere Art zu leben gab. Mit einem offenen Geist und der Bereitschaft zur Veränderung wurde ich zu vielen schönen Büchern, Vorträgen und Lehrern geführt, die mich auf meinem Weg begleiteten. Eines Nachmittags las ich *Ein Kurs in Wundern*. Ich weiß noch, dass eine Passage mich zutiefst inspirierte. Dort stand: »Es gibt eine Art, in dieser Welt zu leben, die nicht hier ist, auch wenn sie es zu sein scheint. Du veränderst deine Erscheinung nicht, obschon du öfter lächelst. Deine Stirn ist heiter, deine Augen blicken ruhig.« Ich flippte fast aus wegen dieser Botschaft. Diese Passage gab meinen tiefen, inneren Glauben wider, dass es eine bessere Art gab, ein gelassenes, ausgeglichenes Leben zu führen. Häufiger zu lächeln, ruhig und heiter zu sein, entsprach meiner Vorstellung von wahrem Glück. Jetzt war ich umso entschlossener, mein altes Verhalten zu verändern. Ausgeglichenheit und heitere Gelassenheit wurden meine Mission, und ich wollte alles Nötige dafür tun.

Damit begann mein Kampf um Ausgeglichenheit in meinem Leben, das komplett aus der Spur geraten war. Für mich bestand Ausgeglichenheit darin, mein Leben ein bisschen weniger dramatisch zu gestalten, weniger kontrollsüchtig zu sein und den Frieden zu finden, den ich brauchte, um mich auf die wichtigen Aspekte meines Lebens zu konzentrieren. Dazu gehörten mein mentales und körperliches Wohlbefinden, meine Beziehungen, meine Karriere und so weiter. Dass ich Alkohol und Drogen weglie, machte mein Leben schon weniger dramatisch, aber mein Ego fühlte sich immer noch zum Chaos hingezogen. Das Beenden von Suchtverhalten kann man mit einem sinkenden Boot vergleichen: Während man ein Leck zustopft, geht ein anderes auf.

Das war eine perfekte Metapher für mein Leben. Als ich nicht mehr süchtig nach der idealen Liebesbeziehung war, hatte ich zu Drogen gegriffen. Als ich aufgehört hatte, Drogen zu nehmen, wurde ich esssüchtig. Als ich davon die Finger ließ, wurde ich arbeitssüchtig. Ich suchte endlos nach Ablenkung, um die Leere in mir zu füllen, weil ich glaubte, das Glück im Außen zu finden. Ohne es zu ahnen, wich ich immer noch meinen Gefühlen aus, und betäubte meine Gedanken, indem ich sie mit Äußerlichkeiten zustopfte. Und irgendwie gelang es mir immer, noch etwas zum Stopfen zu finden.

Dann wurde mir klar, dass ich schon ernsthaft den Willen zur Veränderung haben müsste, wenn ich das Gleichgewicht finden wollte, nachdem ich mich so sehnte. Und ich merkte, dass die hässliche Stimme meines Egos meine Suchtgedanken steuerte. Die Gedanken meines Egos ließen mich jetzt schon mehr als zehn Jahre vor meinen Gefühlen davonlaufen. Auch meine Suchttherapeutin sagte, mein Gehirn spiele eine große Rolle bei dem Ungleichgewicht in meinem Leben. Sie erklärte mir, ich hätte gelernt, mit der linken Gehirnhälfte zu denken. Die linke Gehirnhälfte ist mit verbalem Ausdruck, Logik und analytischem Denken assoziiert. Damit können wir hervorragend Dinge in Kategorien einordnen, reden, lesen, schreiben und rechnen. Die lineare linke Gehirnhälfte feiert Partys vor Freude, wenn Dinge nacheinander angeordnet werden, mit Gedanken wie: »Als Erstes mache ich das, und wenn ich es von der Liste gestrichen habe, nehme ich das zweite in Angriff.«

Unsere Kultur hat die rationalen Fähigkeiten unserer linken Gehirnhälfte gefördert, auf Kosten der Intuition und kreativen Fähigkeiten der rechten Gehirnhälfte. Unsere moderne Erziehung hat sich mächtig angestrengt, um die pragmatischen Fähigkeiten der linken Gehirnhälfte zu stärken. Das wurde durch die Leistungsmentalität unserer Gesellschaft noch unterstützt.

Die rechte Gehirnhälfte dagegen ist viel entspannter. Sie schwingt nicht linear und nimmt visuelle, räumliche und intuitive Information leicht auf. Die rechte Gehirnhälfte verarbeitet Informationen auf viel hippere Art und Weise. Sie sieht das große Bild und ist weniger am Planungsprozess »Wie komme ich von hier nach da« interessiert. Die rechte Gehirnhälfte hat absolut kein Interesse an Mustern oder logischer Planung. Bei ihr geht es nur um Intuition und innere Führung. Ambiguität macht ihr überhaupt nichts aus. In der Konsequenz ist das Denken der kreativen rechten Gehirnhälfte schwer zu greifen, weil es nichts Greifbares gibt – du *bist* einfach. Die rechte Gehirnhälfte muss nicht jedes Ergebnis kontrollieren, sie ist einfach froh, geführt zu werden.

Nachdem ich die beiden Seiten meines Gehirns erst einmal verstanden hatte, fiel es mir leichter zu begreifen, warum mein Leben so aus dem Gleichgewicht geraten war. Ich hatte komplett von der linken Gehirnhälfte gesteuert gelebt, ohne dass meine rechte Gehirnhälfte etwas dazu sagen durfte. Und was am gefährlichsten war, ich hatte die Intuition der rechten Gehirnhälfte komplett geleugnet. Meine linke Gehirnhälfte konnte mich völlig unterbuttern, weil sie die Kontrolle über alle Situationen anstrebte. Wenn es um Emotionen ging, dann war ihre einzige Sorge nur, wie ich sie möglichst schnell abhaken konnte, um zum nächsten Punkt auf meiner Liste zu gelangen. Nie konnte ich mich zurücklehnen und Dinge verarbeiten, um auf wirklich gesunde Art und Weise damit umzugehen. Mein Leben war zum Teil deshalb aus dem Gleichgewicht geraten, weil ich meine Gehirnhälften nicht beide gleichermaßen nutzte. Um mein Leben wieder ins Gleichgewicht zu bringen, musste ich mir also nur überlegen, wie ich beide Gehirnhälften einsetzte. Als mir das klar wurde, war ich einen entscheidenden Schritt auf dem Weg zur Veränderung weitergekommen. Eigentlich hatte ich zum ersten Mal meine rechte Gehirnhälfte eingesetzt, weil ich mich von meiner Intuition hatte leiten lassen. Endlich hatte ich meiner *inneren Führung* erlaubt, mir den Weg zu einem besseren Leben zu zeigen.

Sofort startete ich mit meinen Nachforschungen. Zuerst stellte ich mir eine Reihe von Fragen. »Wo ist das Gleichgewicht zwischen pragmatisch und kreativ, kalkuliert und intuitiv? Wie können wir lernen, so zu funktionieren, dass unser Gehirn im Gleichgewicht ist? Wie kann ich Dinge erledigen, dabei aber gelassen bleiben?« Um noch mehr über Balance zu lernen, nahm ich an einem Workout-Kurs im Sportstudio um die Ecke teil, das »Urban Rebounding« hieß.

»Rebounding« bedeutet so viel wie »Abprallen«, nachdem man mit irgendetwas kollidiert ist. Bei »Urban Rebounding« geht es darum, auf einem kleinen Indoor-Trampolin zu springen. Das soll Herz-Kreislauf-Erkrankungen vorbeugen, weil es Herz, Muskeln und Gelenke gleichmäßig beansprucht.

Außerdem heißt es, dass dieses Training gut für das Gleichgewicht sei. Da ich gerade auf der Suche nach etwas war, womit ich mehr Gleichgewicht in meinem Leben herstellen konnte, musste ich es einfach ausprobieren. Und weißt du was? Es hat mir tatsächlich geholfen, mein Leben wieder ins Gleichgewicht zu bringen! Du brauchst mir allerdings nicht blind zu glauben. Probier es doch einfach aus: In einer Studie der Cornell University über die Verbindung zwischen Trampolinspringen und Gleichgewicht wurde festgestellt, dass zehn Minuten auf dem Trampolin das Gleichgewichtsgefühl um 68 Prozent steigern. Das fand ich so toll, dass ich von da an täglich auf dem Trampolin sprang, um meinem Ziel, ein ausgeglichenes Leben zu führen, näher zu kommen. Ich prägte mir die Bewegungen ein, die der Gründer des Programms,

J. B. Berns, lehrt, kaufte ein Mini-Trampolin für die Wohnung, stellte eines in mein Büro und schickte sogar Mom eines. Und wenn ich dann eines meiner kleinen Tiefs hatte, stellte ich die Musik laut und hüpfte zurück zur Ausgeglichenheit.

Ein Resultat des Trampolinspringens war, dass ich mich danach immer völlig gelöst fühlte. Aber damit war es nicht getan. Du weißt ja, ich wollte herausfinden, wie ich die zwei Gehirnhälften ausgewogen einsetzen konnte. Also brachte ich auch noch meinen Kopf ins Spiel. Ich hatte das Gefühl, dass mein Trampolin-Training mir auch dabei helfen würde, das Ungleichgewicht meiner rechten Gehirnhälfte auszugleichen. Als ich die Intuitionsgleichung entwickelt hatte, konnte ich meine Theorie ausprobieren. Ich begann beim Trampolinspringen die Affirmation zu rezitieren: »*Ich liebe mich, und ich bin ausgeglichen.*« Dank dieser Kombination klärten sich meine Gedanken, und ich wurde wesentlich ausgeglichener. Ich stellte fest, dass Situationen, die mich früher verwirrten, viel leichter zu regeln waren. Ich fühlte mich wohler, auch wenn ich am Wochenende nichts vorhatte. Statt wahllos alles in mich hineinzustopfen, wenn ich im Stress war, aß ich auf einmal nicht mehr so viel. Meine Affirmation beim Trampolinspringen im Geiste zu wiederholen half mir dabei, das alte Ungleichgewicht zu verändern.

Trampolinspringen brachte mich dazu, mich zu verändern und ausgeglichener zu werden. Ich hatte ein Tool gefunden, mit dem ich das Gleichgewicht in meinem Leben wiederherstellen konnte. Ich sprang vor einem Date, vor einer großen Herausforderung bei der Arbeit und sogar, wenn ich mich mit einem kreativen Projekt befasste. Ich lächelte auf einmal häufiger, fühlte mich entspannter und friedlich! Ich fühlte mich ausgeglichener, und das machte sich auch bei meinen Entscheidungen bemerkbar. Als Resultat begann mein Leben glatter zu laufen. Statt ständiger Dramen und

Mini-Zusammenbrüche wurde das Leben heiter-gelassen, und ich fühlte mich glücklicher. Ich sprang mindestens zehn Minuten am Tag auf dem Trampolin und rezitierte dabei meine Affirmation: »*Ich liebe mich, und ich bin ausgeglichen.*« Diese tägliche Hingabe ans Gleichgewicht erstreckte sich auf alle Bereiche meines Lebens. Wenn mein suchtgeprägtes Ego mich drängte, Alkohol zu trinken, zu viel zu essen oder einen Typen anzurufen, der nicht zu mir passte, dann griff ich zu diesem intuitiven Heilmittel. Ich rezitierte meine Affirmation, sprang auf dem Trampolin, und zehn Minuten später war ich wieder heiter-gelassen.

Außerdem begann ich durch die tägliche Wiederholung der Gleichgewichtsgleichung mein Leben anders wahrzunehmen. Ich sah mich nicht mehr als Vielfraß, als Co-Abhängige oder eine süchtige, unkontrollierte Person. Ich stand mit beiden Beinen auf der Erde, war ausgeglichen und fühlte mich wohl. Ich hatte mein Leben endlich im Griff. Meine Beziehungen wurden stärker, und ich legte nicht mehr so ein extremes Verhalten an den Tag. Ein weiterer wichtiger Nebeneffekt war, dass ich viel cooler und lustiger wurde. Deshalb wollten meine Freunde viel lieber als früher mit mir zusammen sein. Statt der »Drama Queen« war ich auf einmal »die unkomplizierte Freundin«. Außerdem wurde ich kreativer und fing wieder an zu malen. Ich stellte eine Staffelei in meiner Wohnung auf und machte mich ans Werk. Es fühlte sich gut an, kreative Fähigkeiten auszuschöpfen, und ich ließ meiner rechten Gehirnhälfte freie Hand. Diese Verwandlung war wirklich ein Wunder.

Seitdem springe ich täglich auf dem Trampolin. Dieses Training hat mich zu einem ausgewogeneren Leben geführt, in dem ich keine äußeren Anregungen mehr brauche, um die Leere in mir zu füllen. Und als mein Leben ausgeglichener wurde, stellte ich fest, dass ein Leben im Gleichgewicht erfüllter und befriedigender ist. Ich fühle keine Leere mehr in mir. Außerdem kann ich heitere Gelassenheit bewusst herstellen. Sie ist kein esoterisches Schlagwort mehr, sondern für mich Realität.

Unausgeglichen durch Perfektionismus

Vieles kann die Ursache dafür sein, dass ein Leben aus dem Gleichgewicht gerät, aber in meiner Coaching-Praxis habe ich immer wieder festgestellt, dass Perfektionismus ein häufiger Grund ist. Anscheinend ist gerade unsere Generation besonders anfällig dafür. Viele Psychologen behaupten, die Generation Y sei im Vergleich zu früheren Generationen anfälliger für Angst und Alkoholismus. Nehmen wir einmal meine Coaching-Klientin Carolyn. Als sie elf war, wurde bei Carolyn Diabetes festgestellt. Von diesem Tag an hatte sie furchtbare Angst, wegen dieser Diagnose nicht mehr perfekt zu sein. Deshalb mied sie in den nächsten zwölf Jahren das Gefühl der Unvollkommenheit, indem sie danach strebte, in allen Bereichen ihres Lebens, die sie »kontrollieren« konnte, perfekt zu sein. Die ständige Jagd nach Perfektion war ihr Verderben.

Eine Zeitlang funktionierte ihr unausgewogener Wunsch nach Perfektion, aber mit der Zeit wurde es schwieriger. In der Schule perfekt zu sein oder Kalorien zu zählen, um ihr Gewicht zu halten, fiel ihr leicht, aber bei jedem Fehler im System wie einem Pfund Gewichtszunahme oder einer Eins minus in einer Klassenarbeit, verfiel Carolyn in tiefe Depressionen. Das deprimierte Gefühl verstärkte ihr Bedürfnis nach Perfektion nur noch. Carolyn arbeitete noch härter, aß noch weniger und leistete noch mehr. Damit vermied sie das alte Gefühl, das noch aus jenem Tag datierte, als sie die Diagnose Diabetes erhalten hatte.

Mit dreiundzwanzig schließlich brach Carolyn zusammen. Damals arbeitete sie bei einer großen Modezeitschrift.

Im klassischen *Der Teufel trägt Prada*-Stil war sie zu einer Sklavin der Branche geworden. Oft arbeitete sie bis in die späten Abendstunden und an den Wochenenden, um möglichst perfekt zu sein. Das Problem war nur, dass in dieser Umgebung niemand ihre Arbeit würdigte. Woche um Woche versuchte sie vergeblich, die Anerkennung ihrer Chefin zu erlangen. Und da sie den unmöglich hohen Standard an Perfektion, den sie sich selbst gesetzt hatte, nicht erreichen konnte, brach sie zusammen.

In unserer ersten Sitzung identifizierten Carolyn und ich ihre Perfektionssucht. Sie erkannte, dass ihr Ego das Ruder vor zwölf Jahren in der Arztpraxis übernommen hatte. Seitdem hatte sie ein Leben geführt, in dem es nur darum ging, Perfektion zu erreichen – um jeden Preis. Jetzt aber war sie endlich bereit, ihr Leben ausgewogener zu gestalten, und sie sprang sofort auf die Gleichgewichtsgleichung an. Im ersten Schritt musste sie erkennen, dass auch die intuitive Arbeit nicht perfekt getan werden muss. Ich stimmte sie ein mit Slogans wie »Es geht um Fortschritt, nicht um Perfektion!« und »Nicht 100 Prozent Perfektion ist cool, sondern 90 Prozent Bewegung«. Ich ermutigte sie, ein bisschen nachlässiger zu werden. Sie begann mit der Affirmation: *Ich bin bereit, unvollkommen zu sein.* Und ich stellte sie sofort mit ihrer Affirmation aufs Trampolin. Wenn du auf einem Trampolin auf und ab springst, dann siehst du alles andere als perfekt aus. Und du hast das Gefühl, nicht alles unter Kontrolle zu haben. Das war für Carolyn toll, weil sie sich dabei schrecklich unbehaglich fühlte.

Es war mein Ziel, sie aus der Komfortzone zu holen und sie durch eine neue Erfahrung zu führen, bei der sie nicht alles unter Kontrolle haben musste. Vor allem sollte sie am eigenen Leib erfahren, wie es ist, wenn man zugleich die Kontrolle hat und von einer anderen Kraft kontrolliert wird. Carolyn brauchte nicht lange, um die Verbindung herzustellen. Nach fünf Minuten auf dem Trampolin brach sie in Tränen aus und schrie voller Freude. »Ich wähle das Gleichgewicht.« Und das tat sie. Sie führte die Gleichgewichtsgleichung dreißig Tage lang durch, und mit jedem Tag gab sie ein wenig mehr Kontrolle auf. Schließlich ließ sie ihre Neigung zum Perfektionismus ganz los. Und am aufregendsten war, dass sie mehr Ausgewogenheit in ihr Leben brachte.

Ihre unterbeschäftigte rechte Gehirnhälfte, die so lange nicht zu Wort gekommen war, durfte endlich etwas sagen. Carolyn hatte auf einmal einen Zugang zu ihrer kreativen Seite wie noch niemals zuvor. Sie entdeckte, dass sie echtes Talent für Grafik-Design hatte. Daraufhin beschloss sie, das zu ihrem Beruf zu machen. Sie kündigte bei der Zeitschrift, belegte einen Grafik-Design-Kurs und arbeitet jetzt in dieser Branche.

Ich hoffe, du hast jetzt verstanden, dass jeder aus dem Gleichgewicht geraten kann. Viele in unserer Generation haben gelernt, sich so schnell zu bewegen, dass wir nie wirklich in Kontakt mit unseren Gefühlen sind. Wer hat denn schon die Chance zum Entspannen bei all dem Twitter, Facebook und BlackBerry-Kram? Wir sind alle ständig nur auf der Suche nach Anregungen von außen, aber wie wir uns nach innen wenden sollen, wissen wir nicht. Doch ich bringe dir jetzt die Gelassenheit zurück! Wenn du bereit bist, ins Glück zu springen, dann teste einfach meine Gleichgewichtsgleichung. (Keine Sorge, du musst dir dafür nicht extra ein Trampolin anschaffen. Ich schlage dir auch Alternativen vor.)

Bevor wir mit der Gleichgewichtsgleichung beginnen, lass uns zunächst einmal herausfinden, welche Verhaltensweisen dich aus dem Gleichgewicht bringen. Dazu beantworte bitte die folgenden Fragen: *Fühlst du dich aus dem Gleichgewicht? Wo zeigen sich deine Suchtverhaltensweisen? Bist du süchtig nach negativen Gedanken? Nach Essen? Sex? Alkohol? Arbeit? Sonst etwas? Wie reagierst du, wenn du Angst oder Stress verspürst?*

Rennst du zum Kühlschrank? Greifst du zur Flasche? Gehst du auf Facebook? Grübelst du zu viel? Hast du überzogen hohe Erwartungen an dich? Machst du dir Vorwürfe, wenn du deine persönlichen Erwartungen nicht erfüllst?

Gleichgewichtsgleichung

30 Tage zu heiterer Gelassenheit

Schritt eins: Umdenken

Kannst du dir vorstellen, ein Leben in heiterer Gelassenheit zu führen? Wäre es nicht ein tolles Gefühl, ohne Angst aufzuwachen, ohne dir darüber Gedanken zu machen, was du am Abend zuvor gegessen hast, oder ob er dich heute anrufen wird? Stell dir vor, wie es wäre, ohne solche Gedanken durch den Tag zu gehen. Möglicherweise ist das schwer. Für mich war es das. Es gab eine Zeit, da wusste ich nicht, was »heitere Gelassenheit« bedeutet. Aber lass dich nicht entmutigen. Ich garantiere dir, dass du es schaffst. Wenn du dich nur einmal am Tag dem Gleichgewicht hingibst, wirst du dich befreien.

Der erste Schritt zum Umdenken ist, einfach Gleichgewicht zu *wählen*. Der suchtgesteuerte Geist des Egos wird dem Gleichgewicht mit aller Macht widerstehen wollen. Es ist dir vielleicht nicht klar, aber deine Sucht Nummer eins ist das Denken. Du hast mehr als 60 000 Gedanken pro Tag, und die meisten davon sind wiederholte Obsessionen, die dir ständig im Kopf herumgehen. Das Ego nährt sich von diesen Gedanken und wird sie niemals gehen lassen, wenn du nicht Stellung beziehst. Außerdem ist das Ego bewaffnet mit Gedanken, die dir zu allem Möglichen Erlaubnis geben. »Morgen fange ich mit meiner Diät an.« »Ein Drink schadet schon nichts.« »Ich gebe dieser schlechten Beziehung noch eine Chance.« Indem du dir selber erlaubst, so weiterzumachen, steckst du in deiner negativen Verhaltensweise fest. Dadurch wirst du empfänglich für Gruppendruck und die Handlungen der Leute in deiner Umgebung. Um dein Verhalten wirklich zu ändern, musst du deine Gedanken ändern.

Wenn du bereit bist, deine Suchtmuster loszulassen, dann verschreibe dich furchtlos der folgenden Affirmation: *Ich verpflichte mich, meine negativen Gedankenmuster loszulassen. Ich wähle Ausgeglichenheit und heitere Gelassenheit.*

> Einatmen – *Ich verpflichte mich, meine negativen Gedankenmuster loszulassen.*
> Ausatmen – *Ich wähle Ausgeglichenheit und heitere Gelassenheit.*

Schritt zwei: Umdenken + Bewegen

Um ein ausgeglichenes Leben führen zu können, musst du dich körperlich und mental verändern. Dein Körper kann nicht in sich ruhen, wenn deine Gedanken das Boot ständig zum Schaukeln bringen. Wenn du deine Gleichgewichtsaffirmationen mit Trampolinspringen verbindest, wirst du die Verbindung zwischen Körper und Geist erfahren. Diese Verbindung zeigt deinem Allgemeinverständnis, wie es sich wirklich *anfühlt*, ausgeglichen zu sein. In diesem *Gefühl* findet die wahre Transformation statt.

Wenn du zufällig in der Nähe eines Trampolins bist, dann fang an zu springen! Wenn nicht, hier ein paar alternative Gleichgewichtsaktivitäten, die genauso gut funktionieren:

➤ Roll von der Ferse auf die Zehenspitzen ab. Stell bei jedem Schritt die Ferse des einen Fußes vor die Zehen des anderen. Dabei sollten sich Ferse und Zehen fast berühren. Gehe so durchs Zimmer, während du deine Affirmation rezitierst.

- Steh auf einem Bein. Du kannst dabei vor dem Spiegel stehen und dich ansehen, während du deine Affirmation sprichst. Vergiss nicht, ab und zu mal das Bein zu wechseln.
- Übe aufzustehen und dich auf den Boden zu setzen, ohne deine Hände zu benutzen.
- Cross Crawl. Bei dieser Übung ziehst du den rechten Ellbogen ans linke Knie und dann den linken Ellbogen ans rechte Knie. Wenn diese Übung langsam und fokussiert durchgeführt wird, werden große Bereiche beider Gehirnhälften zur gleichen Zeit aktiviert. Cross Crawl löst ausgeglichene Nervenaktivierung im Corpus Callosum aus (dem Teil des Gehirns, das zwischen den beiden Hälften liegt). Regelmäßig durchgeführt, verbindet diese Übung die beiden Gehirnhälften, sodass du mehr ins Gleichgewicht kommst.

Schritt drei:
Empfangen (Meditieren/intuitives Schreiben)
Lade dir auf www.gabbyb.tv/meditate meine Gleichgewichtsmeditation herunter oder lies einfach weiter.

Setze dich aufrecht auf einen Stuhl, die Füße fest auf dem Boden. Stell dir vor, dass deine Füße in der Erde wurzeln. Deine Beine sind wie Baumstämme, die tief in der Erde verwurzelt sind. Du sitzt ganz gerade, beide Seiten sind gleich ausgeglichen. Du bist geerdet und ruhig. Jetzt lausche den Stimmen in deinem Kopf. Lass sie zu dir durchdringen. Reagiere auf keinen Gedanken, lass sie einfach kommen und gehen. Diese Gedanken brauchen dich nirgendwohin zu bringen. Sie können einfach bei dir sein. Während du auf diese Stimmen in deinem Kopf hörst, erlaube dir, in die Gefühle hinein zu atmen, die sie entzünden. Erlaube diesen Gedanken und Gefühlen durch deinen Körper in die Erde zu fließen. Stell dir die giftigen Gedanken vor, die durch dich hindurch gehen und überlasse sie Mutter Erde, damit sie sie recycelt. Wenn du willst, kannst du jeden Gedanken loslassen.

Kein Gedanke stört dich. Du bleibst geerdet und im Gleichgewicht.

Atme Gelassenheit ein.
Atme Frieden aus.
Atme Gleichgewicht ein.
Atme Freude aus.
Atme Ruhe ein.
Atme Glaube aus.
Sag diese Worte: Ich bin ruhig. Ich bin im Gleichgewicht.
   Ich bin gelassen.

Intuitives Schreiben
Lass deine Gedanken nach der Meditation frei auf ein Blatt Papier fließen. Schreib auf, was immer dir nach deiner Meditation einfällt. Nutze das intuitive Schreiben, um deine chaotischen Gedanken auf das Papier zu entlassen. Lass dich von deiner Intuition wieder ins Gleichgewicht bringen durch den Fluss jedes Gedankens, der durch deinen Stift fließt. Das Papier wird dein Trampolin, auf dem du in mentales Gleichgewicht springst. Lass die Wörter fließen und erlaube deinem Geist, in einen Zustand der Ausgeglichenheit und Gelassenheit zu hüpfen.

Wenn du die Gleichgewichtsübung in den nächsten dreißig Tagen durchführst, wirst du eine andere Perspektive aufs Leben erfahren. Diese neue Perspektive wird dich führen, wenn du dich auf die Reise durch die nächsten Kapitel begibst. Heiße jede Wahrnehmungsveränderung willkommen, während du einen Blick in den universellen Spiegel wirfst.

KAPITEL 4

Spiegeln: Das Gute, das Böse und das Hässliche

Die Wahrnehmung ist ein Spiegel, keine Tatsache.
Doch diese Welt ist nur im Geiste ihres Machers. (...)
Glaube nicht, dass sie außerhalb von dir ist.

EIN KURS IN WUNDERN

Kennst du jemanden, der dir echt zusetzt? Jemand, bei dem du dich wirklich zwingen musst, dich auch nur in seiner Nähe aufzuhalten? Jemand, bei dem sich dir der Kopf dreht, wenn du mit ihm zusammen warst, weil er mit schlafwandlerischer Sicherheit all deine Schwachstellen kennt? Vielleicht ist es dein Chef oder eine alte Freundin, die es immer noch in deinem Leben gibt, obwohl ihr euch auseinanderentwickelt habt. Vielleicht ist es aber auch deine Mutter, dein Vater, deine Schwester, dein Bruder oder sonst irgendein Verwandter. Das, worauf du bei dieser Person so reagierst, könnte ein Spiegelbild eines ähnlichen Verhaltens bei dir sein.

Und deshalb setzt dir die andere Person auch so zu. Wahrscheinlich denkst du jetzt: »Es ist absolut unmöglich, dass mein Alptraum von einem Chef oder meine Schwiegermutter mir einen Spiegel vorhält!« Glaub mir, ich verstehe deine Verwirrung. Aber ich habe die Erfahrung selber gemacht: In meiner PR-Agentur hatte ich einen Kunden, der mich wahnsinnig gemacht hat, und wenn mir jemand gesagt hätte, dass sein Verhalten mir etwas über mich selbst beibringen sollte, dann hätte ich so meine Zweifel gehabt. Er war mit nichts, was ich ihm anbot, zufrieden. Jedes Gespräch mit ihm wirkte auf mich wie ein Kreuzverhör. Mir kam es immer so vor, als wolle er mich aus der Fassung bringen oder mich fertigmachen. Es war ziemlich offensichtlich, dass dahinter Unsicherheit steckte. Er war der jüngste von fünf Brüdern, war in einer ärmlichen Gegend aufgewachsen und, nach einem Kindheitsfoto zu urteilen, das ich einmal zufällig sah, wirkte er wie ein heranwachsender Zwerg.

Aber die Tatsache, dass ich verstand, warum er sich so benahm, änderte nichts an meiner Frustration über sein Verhalten. Jedes Mal, wenn er da gewesen war, schäumte ich vor Wut und konnte meinen Ärger und meine Feindseligkeit einfach nicht loslassen. Erst nach einem Jahr oder sogar noch später, nachdem ich eine Methode erlernt hatte, die sich »Spiegeln« nannte, und die ich gut beherrschte, verstand ich, warum mich die Gespräche mit ihm immer so aufgeregt hatten. Seine offensichtliche Unsicherheit war ein Spiegel meiner eigenen lähmenden Unsicherheit, dass meine Arbeit möglicherweise nicht gut genug war. Sobald ich einen Vertrag mit ihm unterzeichnete, hatte ich das Gefühl, die Arbeit nicht zu schaffen. Als sich jedoch meine Unsicherheit auflöste, störte mich das Verhalten meines Kunden überhaupt nicht mehr. Nach unseren monatlichen Meetings dachte ich kein bisschen mehr an seine Bemerkungen, über die ich mich früher tagelang aufgeregt hätte. Ich wünschte nur, ich hätte dieses Spiegelbild meiner eigenen Unsicherheiten früher erkannt, es hätte mir Monate der Angst erspart.

Diese Erfahrung reflektiert eine Wahrheit, die uns oft nicht klar ist: die Leute und Situationen, die uns auf die Palme bringen, sind eigentlich unsere besten Lehrer. Durch sie können wir etwas über uns erfahren, was wir lernen müssen, damit wir entweder etwas in uns selbst heilen können oder aber etwas Positives in uns entdecken, das wir pflegen sollten, damit es blüht und gedeiht. Diese besondere Form der

Selbstreflexion – die Fähigkeit, etwas über sich selbst zu erfahren, das Gute, das Böse und das Hässliche – nennt man »Spiegeln«.

Spiegeln lehrt uns, dass die Beziehungen, die wir eingehen, und die Situationen in unserem Leben oft eine direkte Reflexion dessen sind, wie wir uns innerlich fühlen. Wenn du zum Beispiel an dich glaubst, glauben auch andere an dich. Wenn du verletzende Dinge über dich sagst, verletzen dich auch die Kommentare anderer – auch wenn meistens gar keine verletzende Absicht dahinter steht. Wenn du dich respektierst, respektieren dich die anderen ebenfalls. Der *Kurs* sagt, wir entdecken unsere Gefühle über uns selbst in anderen. Wenn wir uns über andere ärgern, dann nur, weil wir in ihnen sehen, was wir an uns selber nicht leiden können. Das Wunder tritt ein, wenn wir aufhören, andere für unser Unglück verantwortlich zu machen und bereit sind, Heilung im Inneren zu suchen. In diesem Kapitel erforschen wir das Konzept des Spiegelns, wobei wir uns darauf konzentrieren, wie die Intuitionsgleichung tatsächlich dabei helfen kann, Gelegenheiten zur Selbstreflexion aufzudecken.

Beziehungen im Spiegel

Zwar kann jeder, dem du begegnest, als Spiegel zur Selbstreflexion dienen, aber meistens geben uns natürlich die Personen, die eine wichtige Rolle in unserem Leben spielen, die beste Gelegenheit, etwas über uns zu lernen. Dafür gibt es zwei Gründe. Zum einen verbringen wir mehr Zeit mit ihnen, und wir lernen jemanden natürlich durch Zeit und geteilte Erfahrungen nach und nach kennen. Außerdem sind es meistens die Leute, die uns am besten kennen, die uns wirklich auf die Palme bringen können. Und wenn wir darauf stark reagieren, werfen wir einen Blick in den Spiegel, und so beginnt die Übung des Spiegelns. Das starke Gefühl hilft dir dabei herauszufinden, was die Person oder die Situation dir über dich beibringen kann.

Beziehungen sind kompliziert, und geben wir es zu, wir alle haben Leute in unserem Leben, die uns ärgern und auf die Palme bringen. Das Tolle am Spiegeln ist, dass es nicht nur dabei hilft, diese Leute zu akzeptieren, sondern auch die Angst verwandelt, die du vielleicht in diesen Beziehungen empfindest. Letztlich wirst du in der Lage sein, eine Situation, die einmal frustrierend war, in eine Lernerfahrung umzuwandeln, die dir dabei hilft, dir deiner selbst bewusster zu sein.

Unterdrückte Gefühle im Spiegel

Einer der größten Vorteile des Spiegelns besteht darin, dass du damit unterdrückte Gefühle aufdecken kannst, von deren Existenz in deinem Unterbewusstsein du noch nicht einmal etwas geahnt hast. Emily, eine achtundzwanzigjährige Klientin von mir, verlor im Herbst 2008 ihren Job. Da sie sich ihre Wohnung nicht mehr leisten konnte, musste sie zurück zu ihren Eltern ziehen. Obwohl sie wusste, dass es kein dauerhafter Umzug sein würde, fand sie es unerträglich, zu Hause zu wohnen. Emily wusste nicht mehr, was sie tun sollte. Sie hatte nicht nur ihren Job verloren, sondern ihre gesamte berufliche Laufbahn war gefährdet. Bei der herrschenden Wirtschaftslage würde sie so schnell nicht wieder eine Stelle als Event-Manager finden. Das sagte jedenfalls die Stimme in ihrem Kopf. Hinter diesem Gedanken steckte jedoch die Wahrheit, dass sie eigentlich das Verlangen hatte, etwas anderes zu machen. Ihr Traum war es, nach Afrika zu gehen und dort bei Hilfsprojekten mitzuarbeiten. Seit Jahren träumte sie davon, ihre organisatorischen Fähigkeiten in den Dienst einer Hilfsorganisation zu stellen. Ihre Eltern waren absolut dagegen, als sie es ihnen gegenüber erwähnte. Sie drohten ihr sogar, sie finanziell nicht mehr zu unterstützen, wenn sie diese Idee nicht sofort aufgab und sich wieder einen Job in den Vereinigten Staaten suchte.

Um ihr zu helfen, Klarheit zu finden, schlug Emilys Freundin vor, sie solle einen meiner Vorträge besuchen. Mein Thema an jenem Abend war zufällig Spiegeln. Um zu veranschaulichen, wie Spiegeln funktioniert, bat ich das Publikum Spiegel in ihren Beziehungen und Lebensumständen ausfindig zu machen. Dabei sollten sie vor allem Menschen oder Situationen in Betracht ziehen, bei denen sie sich unwohl fühlten. Sofort hob Emily die Hand. Sie erzählte, dass ihre Eltern ihren Wunsch, nach Afrika zu gehen, missbilligten, und dass es ihnen sogar schon zu viel war, wenn sie nur darüber nachdachte. Traurig und gefangen in der Rolle des Opfers, fragte mich Emily: »Wie könnte diese Situation denn ein Spiegel für mich sein? Meine Eltern sind absolut dagegen. Sie glauben nicht, dass ich es wert bin, den Leuten in Afrika helfen zu können.« Ich antwortete: »Glaubst du denn, dass du es wert bist?«

Während sie über meine Frage nachdachte, liefen ihr Tränen übers Gesicht. »Wahrscheinlich nicht«, erwiderte sie. Indem ich Emily die Gelegenheit gab, ihr Spiegelbild im Spiegel des Widerstands der Eltern zu sehen, half ich ihr, es besser zu verstehen. Der mangelnde Glaube ihrer Eltern an ihre Fähigkeiten spiegelte ihren eigenen Mangel an Selbstvertrauen. Unbewusst spürten Emilys Eltern ihre Unsicherheit, deshalb hatten auch sie Angst vor der Entscheidung ihrer Tochter, nach Afrika zu gehen. Wäre sie selbstbewusster aufgetreten, hätten sie anders reagiert. Hätte Emilys Energie Selbstbewusstsein vermittelt, hätten auch sie es empfunden. Einen Monat später war das der Fall. Emily hatte sich bei Hilfsorganisationen auf Jobs in Afrika beworben, die für sie in Frage kamen. Als sie eine Stelle sicher hatte, arbeitete sie genau aus, wie sie vorgehen wollte, und als sie das Thema schließlich ihren Eltern unterbreitete, konnte sie ihre Pläne selbstsicher darstellen. Daraufhin veränderten sich die Energie und die Haltung ihrer Eltern völlig. Sie spiegelten jetzt das Selbstbewusstsein ihrer Tochter.

Wenn du den Prozess der Spiegelung in deiner Beziehung einsetzt, ist es wichtig zu überprüfen, welches Gefühl dir Leute geben, mit denen du Probleme hast. Bitte deine Intuition, dir größere Einsicht in die ungeheilten Wahrnehmungen zu geben, die unter deinen Gefühlen schlummern. Durch diesen Prozess werden deine Beziehungen stärker und freundschaftlicher, weil du keinen Groll mehr gegen andere hegst. Du kannst deine Energie darauf richten, deine Gefühle zu reinigen und so ein gesünderes Bild im Spiegel erschaffen.

Unterdrückte Gefühle im Spiegel

Großartig beim Spiegeln ist auch, dass wir dadurch unsere eigenen Defizite erkennen können. Genau die Eigenschaften, auf die wir bei anderen stark reagieren, sind auch die Eigenschaften, die uns innewohnen.

Achte einmal darauf, wann du mit dem Finger auf andere zeigst. Nimm diese unschönen Gefühle als Auslöser, um nach innen zu schauen. Diese Momente sind Gelegenheiten für dich, in den universellen Spiegel zu schauen und herauszufinden, was in dir so an komischem Zeug lauert. Vielleicht geht dir eine alte Freundin auf die Nerven, weil sie immer Dramen heraufbeschwört. Und jedes Mal, wenn ihr in eurer Clique zusammen seid, beginnt sie Streit.

Wo ist in diesem Fall dein Spiegelbild? Nun, vielleicht hast du in deiner Clique zu Schulzeiten nicht genug Aufmerksamkeit bekommen. Vielleicht warst du schüchterner als andere, und obwohl auch du auffallen wolltest, standen immer die extrovertierten Mädels im Rampenlicht. Und jetzt fühlst du mit dem Kind, das immer noch versucht, Gehör zu finden, wenn deine Drama-Queen alle Aufmerksamkeit für sich beansprucht – selbst wenn es nur negative Aufmerksamkeit ist. Wenn du bereit bist, Verantwortung für das Bild in deinem Spiegel zu übernehmen, dann hör auf, auf andere zu zeigen, und schau lieber nach innen. Wenn du andere heruntermachst oder dich auf ihre Fehler konzentrierst, so ist das ein sicheres Zeichen dafür, dass dir nicht klar ist, was bei dir selber abgeht. Leute, die gerne auf die Fehler anderer hinweisen, haben eine Riesenangst, die Fehler bei sich selber zu sehen.

Das Positive im Spiegel

Spiegel reflektieren nicht nur die Dinge, die wir ändern müssen, sondern auch die Schönheit in uns. Die Schönheit, die du in der Welt siehst, ist die Schönheit, die du in dir selbst siehst. Ich war zum Beispiel einmal bei einem Auftritt der Band meines Freundes im Park. Ihr Glück auf der Bühne und die schöne Musik haben mich so bewegt, dass ich in Tränen ausgebrochen bin. Mir wurde klar, dass die Freude, die ich beim Zuschauen empfand, eine Reflexion der Freude war, die ich im Inneren fühle. Die Großartigkeit anderer zu schätzen, ist ein schöner Spiegel für die Wertschätzung der eigenen Größe, die du im Inneren fühlst.

Die Spiegelungsgleichung

Die Spiegelungsgleichung führt dich zur Interpretation dessen, was das Universum dir widerspiegelt. Wichtig dabei ist, dass du deine Reflexionen nie überinterpretierst. Deshalb beginnen wir die Gleichung mit dem Bewegungsschritt – in diesem Fall Walking – statt mit dem Schritt des Umdenkens. Durch das tatsächliche Walken gehst du im übertragenen Sinn von der Situation weg, die bei der Spiegelung negative Gefühle bei dir ausgelöst hat. Beim Walken denkst du über deine Reaktionen auf die Momente nach, in denen du dir deiner selbst bewusst warst.

Auf diesen Schritt folgt eine Meditation, in der ich dich anleite, mit deiner Intuition weiter zu erforschen, was du aus deinem letzten Spiegelungsprozess gelernt hast. Schließlich geht es ans Umdenken, und ich zeige dir Tools, die du auf den Spiegelungsprozess in deinem Leben anwenden kannst.

Bevor du mit der Spiegelungsgleichung beginnst, stell dir folgende Fragen: *Reagierst du auf andere oft defensiv, erregt oder frustriert? Gibt es bestimmte Personen, die dich wirklich auf die Palme bringen können?*

Die Spiegelungsgleichung

30 Tage Nachdenken

Schritt eins: Bewegen

Sobald du mit dem Spiegelungsprozess herausgefunden hast, wie das Verhalten einer anderen Person etwas tief in dir selbst reflektiert – entweder ein Defizit oder ein verdrängtes Gefühl –, mach mit deinem Ego einen Spaziergang.

Geh weg von der Situation, die deinen Spiegel ausgelöst hat. Walke eine Viertelstunde und lass deine Gedanken fließen. Lass deine Gedanken und Gefühle bei jedem Schritt durch dich hindurch gehen. Heiße jeden Gedanken willkommen. Schieb sie nicht weg, beurteile sie nicht, hör einfach zu. Der *Kurs* lehrt uns, dass zuerst und am lautesten das Ego spricht. Du musst also berücksichtigen, dass deine ersten Gedanken vom Ego kommen könnten. Lass sie einfach bei jedem Schritt kommen und gehen. Geh in einen nahegelegenen Park, zum Meer, zu einer Bank oder sonst wohin, wo du dich wohlfühlst. Dann setz dich fünf Minuten lang hin und meditiere.

Schritt zwei:
Empfangen (Meditieren/intuitives Schreiben)
Schließe sanft die Augen. Atme tief durch die Nase ein und durch den Mund aus. Komm in deiner Umgebung zur Ruhe. Denk über die Person oder die Situation nach, die deine innere Emotion gespiegelt hat. Sag laut zum Universum: »Bitte hilf mir, diesen Spiegel zu verstehen. Was soll ich hier lernen?« Dann sitz einfach fünf Minuten lang da und lausche deiner Intuition. Bleib offen für die Botschaft. Sie kommt vielleicht in Form eines Gefühls oder eines Gedankens. Spüre deine Gefühle in diesem Moment. Atme und empfange. Denk daran, dass du vielleicht nicht sofort eine Antwort bekommst. Sei geduldig. Deine Intuition kann jederzeit zu dir sprechen. Bleib offen für die Antworten.

Intuitives Schreiben
Sofort nach der Meditation beginnst du mit dem intuitiven Schreiben. Erlaube deiner wahren *inneren Stimme*, sich durch dein Schreiben auszudrücken. Entspann dich und lass deine Gedanken von deiner Intuition führen. Lass dich beim Schreiben von deinen Gefühlen leiten. Überlege, wie du auf das, was du beim Spiegelungsprozess erfahren hast, reagiert hast. Wenn du zum Beispiel gelernt hast, dass das ständige Nörgeln deiner Mutter, weil du keinen Freund hast, dich davon abhält, dich zu verlieben, dann schreib darüber, wie du dich dabei fühlst. Oder schreib über deine Gefühle, weil dir zum Beispiel klar geworden ist, dass dich das ständige Lästern deiner Freundin nur deshalb so aufregt, weil du selber gerne über andere Leute schlecht redest, nur damit du dich besser fühlst. Beurteile nicht, betrachte es einfach. Denk daran, du sollst dich vor dem Spiegel nicht niedermachen, sondern er ist eine Chance zu wachsen. Jeder Spiegel bietet dir tiefere Selbsterkenntnis.

Schritt drei: Umdenken

Nachdem du genügend Zeit hattest, um wirklich darüber nachzudenken, was du mit der Technik des Spiegelns über dich selbst gelernt hast, kannst du dir überlegen, wie du etwas ändern kannst. Bleiben wir einfach bei den beiden erwähnten Beispielen. Wenn du entdeckt hast, dass du insgeheim gerne über andere lästerst, dann solltest du bereit sein, dir dieses Verhalten einmal anzuschauen. Das Gleiche gilt für ein verdrängtes Gefühl wie die Angst, dass du dich nie verlieben wirst. Jetzt kannst du dich dafür entscheiden, den Schalter umzulegen. Wenn du erkannt hast, um welches Verhalten du dich kümmern musst, schreib es auf. Du kannst zum Beispiel schreiben: »Ich bemühe mich bewusst, NICHT über andere zu lästern.« Oder: »Ich höre auf, Energie auf die Angst zu verschwenden, dass ich mich nie verlieben werde, und nutze diese Energie stattdessen, um in die Welt hinauszugehen und das Leben zu erfahren.« Um eine Veränderung weiter zu unterstützen, kannst du auch ein paar Seiten zurückblättern und eines dieser Themen auf deine Gefühls-, Vergebungs- oder Gleichgewichtsgleichung anwenden.

Nutze deinen Spiegel als Tool für inneres Wachstum und eine aufrichtige Betrachtung von dir selbst. Denk daran, jeder Spiegel ist eine schöne Gelegenheit, nach innen zu schauen und mehr Raum für *Intuition* zu schaffen. »Mach nur den Spiegel sauber, und niemand kann umhin, die Botschaft zu verstehen, die aus dem hervorleuchtet, was der Spiegel jedem entgegenhält«, heißt es in *Ein Kurs in Wundern*.

Deine dreißigtägige Spiegelungsübung wird dir von Nutzen sein, wenn du die Gleichung in den nächsten Kapiteln praktizierst. In Kapitel fünf geht es um das Loslassen der Illusionen des Egos in romantischen Beziehungen. Dass du jetzt weißt, wie du den Spiegel nutzen kannst, wird dir im Umgang mit Beziehungen helfen.

KAPITEL 5

*Loslassen:
Romantische
Illusionen*

Deine Aufgabe ist es nicht, nach Liebe zu suchen,
sondern alle Hindernisse in dir zu suchen und zu finden,
die du dagegen aufgebaut hast.

Götzen sind Grenzen. Sie sind der Glaube,
dass es Formen gibt, die Glück bringen werden, (...) Entscheide
dich für Götzen und du bittest um Verlust.

EIN KURS IN WUNDERN

Bei Michelle war alles im Lot. Sie hatte einen tollen Job, tolle Freunde, eine gesunde Wahrnehmung von sich selbst und zahlreiche coole Hobbies. In ihrer Freizeit besuchte sie Tanzkurse, las viel und ging in Ausstellungen. Ihr Leben war locker und leicht und voller Inspiration. Dann begegnete sie Aaron. Sie verliebten sich auf den ersten Blick. Da Michelle noch nicht viele Erfahrungen mit Liebesbeziehungen hatte, war sie von ihren Gefühlen überwältigt. Sie hatte das Gefühl, von innen zu glühen. Ihr Herz schlug schneller, und ihr Körper fühlte sich, als sei sie in ein Liebes-Burrito eingewickelt. Sie schwangen auf einer Wellenlänge. Innerhalb einer Woche befanden sie sich in einer ernsthaften Beziehung.

Im zweiten Monat ihrer Romanze wiesen Michelles Freundinnen Samantha und Lila sie darauf hin, wie sie sich verändert hatte. »Wir machen nie mehr was zusammen.« »Du bist ständig so besorgt.« »Was ist aus unserer glücklichen Freundin geworden?« Michelles neue Romanze hatte sie in einen Ego-Tornado gezogen. Am Anfang ihrer Beziehung hatte das Paar nur Augen füreinander. Ständig klebten sie aneinander, und schließlich hatten sie ihr eigenes Leben völlig aus dem

Blick verloren. Um alles noch schlimmer zu machen, löste die Beziehung zu Aaron bei Michelle Unsicherheiten aus, von deren Existenz sie bisher nichts geahnt hatte.

Sie begann, haufenweise Ängste zu entwickeln, wie sie sie nie zuvor gekannt hatte. Die romantischen Illusionen ihres Egos führten dazu, dass sie völlig aus den Augen verlor, wie toll ihr Leben gewesen war. Sie begann, Aaron als ihre einzige Glücksquelle wahrzunehmen, und vernachlässigte alle Beziehungen, die sie vorher gehabt hatte. Sie vergötterte ihn und fühlte sich erst wirklich vollständig, wenn sie zusammen waren.

Michelles beste Freundin Samantha nahm ihr die Beziehung zu Aaron übel. Ihre Wut auf die Beziehung war ein perfekter Spiegel für ihre eigene innere Wut. Samantha war wütend auf sich, weil sie nicht den Mut gehabt hatte, sich zu verlieben. Weil ihr Vater seine Familie verlassen hatte, als sie noch ein Kind war, lebte sie in der Angst, von Männern verlassen zu werden. Und da ihr Ego diese Gedanken bestimmte, war sie nicht in der Lage, wirklich romantische Liebe zu erleben.

Lila dagegen empfand eine andere Art von Neid, als Michelle mit Aaron zusammenkam. Sie hatte ihren Freund an einen anderen Mann verloren. Und zu allem Überfluss war sie auch noch eifersüchtig auf Michelle, weil die Freundin einen Freund hatte. Für sie war es einfach zu wichtig, einen Freund zu haben, weil ihre Mutter sie ständig drängte, doch zu heiraten. Und als jetzt auch noch ihre Freundin so eine enge Beziehung einging, wuchs natürlich ihre Angst, ohne Mann nicht gut genug zu sein.

Ich bin mir sicher, dass du dich entweder mit Michelles, Samanthas oder Lilas Situation identifizieren kannst oder zumindest jemanden kennst, der solche Situationen schon erlebt hat. Wenn das Ego auf eine romantische Beziehung trifft, hat das mit Liebe nicht mehr viel zu tun. Der *Kurs* sagt: »Das

Ego ist ganz wörtlich ein Angstgedanke«. Und wenn das Ego in einer Liebesbeziehung zum Tragen kommt, ist der Teufel los. Du weißt vielleicht schon, dass dieser Bereich des Lebens unglaublich schwierig sein kann. Gerade in Liebesbeziehungen kann das Ego dich fertigmachen.

Ich habe das alles schon selber durchgemacht. Nach den zahlreichen romantischen Tragödien meines Egos bin ich schließlich klüger geworden und habe beschlossen, meine romantischen Illusionen loszulassen. In diesem Kapitel verpasse ich dir eine gesunde Dosis der Lektionen, die ich gelernt habe. Dank des *Kurses* wurden Dates und Beziehungen viel angenehmer für mich und vor allem wesentlich leichter zu steuern. In diesem Kapitel zeige ich dir, wie der *Kurs* meine Wahrnehmung von Beziehungen grundlegend geändert hat. Zuerst erkläre ich dir, wie sich das Ego in Liebesbeziehungen verhält. Dann erläutere ich dir, wie das Ego deine Intuition blockiert, wenn es um Liebesbeziehungen geht. Als nächstes führe ich dich durch die Intuitionsgleichung, damit du dich von dem Chaos erholen kannst, das das Ego an der Beziehungsfront anrichtet. Ich hoffe, dass meine Erfahrungen dir ermöglichen, einen Bereich im Leben einfacher zu gestalten, der oft als superkompliziert wahrgenommen wird.

Das unromantische Ego

An der Komplexität von Beziehungen ist nur das Ego schuld. Das unromantische Ego ist einfach nur eine verkorkste Einbildung, entstanden aus dem Festhalten an der Vergangenheit und der Angst vor der Zukunft. Es ist ganz typisch, dass Menschen ihre Vergangenheit mitbringen, wenn sie eine romantische Beziehung eingehen. Ich habe schon gesehen, wie normale, ausgeglichene Menschen sich durch die romantischen Täuschungen des Egos in komplette Freaks verwandelten. Auch mir ist das passiert.

Die Stimme des Egos sagt dir zum Beispiel oft, dass du nicht gut genug für den Partner bist, oder dass er oder sie nicht gut genug für dich ist. Oder dein Ego sagt dir, dein Glück läge in den Armen einer anderen Person. Häufig spiegelt das Ego das Verhalten deiner Eltern. Wenn du zum Beispiel mit einer unterwürfigen Mutter aufgewachsen bist, dann wirst du in ihre Fußstapfen treten. Oder wenn dein Vater dich im Stich gelassen hat, dann suchst du dir vielleicht einen Partner, der dich auch enttäuscht. Die Verhaltensweisen, die wir von unseren Eltern mitbekommen haben, beeinflussen unsere Beziehungen. Die vergangenen Situationen, die das Ego wieder aufleben lässt, erweisen sich leider immer als stärker.

Außerdem verursacht das Ego Probleme in romantischen Beziehungen, indem es deine Ängste aus der Vergangenheit benutzt, um dich in der Gegenwart völlig wahnsinnig zu machen. Wenn dein Ex dich betrogen hat, hast du wahrscheinlich Probleme mit deinem jetzigen Freund, obwohl er nichts getan hat, um dein Misstrauen zu verdienen. Das Schlimme daran ist, dass das Ego dich davon abhält, authentisch zu sein, vor lauter Angst, nicht cool genug zu wirken. Lara zum Beispiel, behauptete über ein Jahr lang in ihrer Beziehung mit Dan, Sport, House Music und den Strand zu lieben, damit er sie cool fand. Und Dan bekam nie die Chance, Laras wahre Interessen kennenzulernen. Und weil er nie ihr wirkliches Ich sah, trennte er sich von ihr. Er fand einfach, sie brachte zu wenig in die Beziehung ein, und er erwartete mehr von einem Partner. Laras Ego veranlasste sie, ihre innere Wahrheit zu leugnen, und diese Täuschung resultierte im Verlust der Beziehung.

Und schließlich verbreitet das Ego verrücktes Geschwätz in der Welt, wie »Männer lieben Bitches« und »Frauen sind schwierig«. Diese sogenannten »Tatsachen« sind einfach nur Müll. Wenn du bereit bist, alle romantischen Illusionen, die deine Liebesbeziehungen sabotiert haben, loszulassen, dann bewaffne dich mit den folgenden Tools und geh mit ihnen auf eine dreißigtägige Reise des Loslassens.

Wie das unromantische Ego deine Intuition blockiert

Besondere Beziehungen

Ein klares No-No in Beziehungen ist es, deinen Partner zu vergöttern. Lektionen aus dem *Kurs* haben mich gelehrt, nie jemanden als Idol zu sehen. Wenn du einen Liebespartner vergötterst, machst du ihn zu deiner einzigen Quelle des Glücks. Ohne ihn fühlst du dich unvollständig. Das ist ein Alptraum. Der *Kurs* lehrt: »Nie ist es der Götze, den du willst. Doch das, was du denkst, er biete es dir, das willst du in der Tat (…).« Wenn dein ganzes Glück von einer bestimmten Person abhängt, dann bist du aufgeschmissen. Letztlich ist das auch Michelle und Aaron passiert. Michelle hat ihre Beziehung immer über ihre Freundschaften, ihren Beruf und ihr persönliches Leben gestellt. Aaron war ihr Idol. Sie leugnete ihre Intuition und suchte stattdessen bei ihm alle Führung und Liebe.

Das bezeichnet der *Kurs* als die »besondere Beziehung« des Egos. Eigentlich ist die »besondere Beziehung« gar nicht so besonders. Sie trennt dich nämlich von deiner Intuition, weil sie dich glauben lässt, deine »Rettung« (Glück) liege außerhalb von dir in den Armen eines besonderen Menschen. Das Wort »besonders« impliziert »anders«, was für das Ego bedeutet, »besser als«. Wenn du den geliebten Menschen »besonders« machst, wird er besser als deine Freunde, besser als dein Beruf, besser als deine Familie und definitiv besser als du. Im *Kurs* heißt es: »Die besondere Beziehung ist die Hauptwaffe des Egos, um dich vom Himmel fern zu halten.« (Wenn der *Kurs* vom Himmel spricht, meint er damit, dass du für alle

Zeit furchtlos, glücklich und verbunden mit deiner Intuition leben sollst.)

Hinzu kommt, dass in der »besonderen Beziehung« zwei unvollständige Menschen zusammenkommen, um die Leere des anderen zu füllen. Die »besondere Beziehung« besteht darin, dass die eine Person die Leere und Unsicherheit der anderen füllt. Das Bedürfnis der einen Person, vollständig zu werden, erfüllt das Bedürfnis der anderen Person, wertgeschätzt zu werden. Wie in Lilas Fall, die das Gefühl hatte, nur mit einem Freund vollständig zu sein. Dann lernte sie Matt kennen. Er war ein unsicherer Typ, der sich nur dann gut genug fühlte, wenn er ein Mädchen im Arm hatte. Lilas Unvollständigkeit wurde von Matts Unvollständigkeit perfekt ausgefüllt. Sie wurden total abhängig voneinander und vergötterten sich gegenseitig. Eine Zeitlang funktionierte ihre Beziehung auf diese Weise, bis Lila beschloss, andere Erfüllungen außerhalb der Beziehung mit Matt zu suchen. Sie fand einen neuen Job, lernte neue Freunde kennen und begann, ins Sportstudio zu gehen.

Diese neuen Beschäftigungen erfüllten sie innerlich, und deshalb brauchte sie Matt nicht mehr, um eine Leere zu füllen. Matts ungeheilte Unsicherheit wurde für Lila bald total unattraktiv. Und Matt wiederum nahm Lila ihre neuen Leidenschaften übel. Schließlich trennte sich Lila von Matt und ließ ihn mit seinen Gefühlen der Unvollständigkeit allein. Das ist nur eines der vielen ungesunden Ergebnisse von »besonderen Beziehungen«.

Die »besondere Beziehung« steht auf wackeligen Beinen. Diese »besondere« Person wird auf ein so hohes Podest gestellt, dass sie schon beim kleinsten Fehler herunterstürzt. Das steht auch im *Kurs*: »Hinter der Suche nach jedwedem Götzen liegt die Sehnsucht nach Vollständigkeit.« Bei mir heißt es so: Wenn du deinen Partner vergötterst, dann bedeutet das, dass du dich unvollständig ohne ihn fühlst. Weil du dich nicht von dir aus vollständig fühlst, sehnst du dich nach Vollständigkeit durch eine andere Person. Dabei kann dich keine Beziehung der Welt vollständig machen. In Wahrheit brauchst du gar nicht so weit zu gucken, um vollständig zu sein.

Alles Großartige, was du dir wünschst, liegt bereits in dir! Vielleicht denkst du jetzt: »*O Gott, jetzt fängt sie auch noch mit diesem Schrott an, dass alle Liebe, die man braucht, in einem selber liegt.*« Na ja, weißt du was? Das sage ich tatsächlich! *Genau* das sage ich! DU bist absolut vollständig, erfüllt von einer unendlichen Menge an Liebe, mit der keine Beziehung zu vergleichen ist. Das mögen heute nur Worte für dich sein, aber ich kann mich auf den *Kurs* berufen. Darin heißt es: »Dein Glaube an dich selbst ist so klein, weil du nicht willens bist, die Tatsache anzunehmen, dass vollkommene Liebe in dir ist. So suchst du außerhalb von dir nach dem, was du außerhalb von dir nicht finden kannst.« Wenn du aufhörst, das Glück außerhalb zu suchen und dich deiner Intuition zur Selbstliebe zuwendest, wirst du nicht mehr nach »besonderen Beziehungen« suchen. Die Intuitionsgleichung dieses Kapitels - in diesem Fall die Befreiungsgleichung - stattet dich mit Tools aus, mit denen du die Größe erkennen kannst, die in dir wohnt.

Klammern und Kontrollieren

Bei ihrer Coaching-Sitzung beklagte sich Sally bei mir, sie fühle sich alleine, ihre Freundinnen und ihr Freund kümmerten sich nicht um sie. Sie beschwerte sich, ihr Freund, der in Europa studierte, antworte nicht auf ihre E-Mails, ihre Freundinnen würden nicht mit ihr ausgehen und ihre Schwester würde nicht auf ihre Anrufe reagieren.

Sallys Gefühl, ignoriert zu werden, stammt aus ihrer Kindheit. Als kleines Mädchen bekam sie nie richtige Aufmerksamkeit von ihrem Vater, der klinisch depressiv war und ihr keine emotionale Zuwendung geben konnte. Die Wut auf ihren Vater hat sie in den vergangenen fünfzehn Jahren in all ihren Liebesbeziehungen und Freundschaften ausgelebt. Außerdem entwickelte sie eine starke Neigung zu Kontrolle und Manipulation, und wenn etwas nicht nach ihrem Kopf ging, bekam sie Wutanfälle, damit die Leute reagierten.

Ihre nach außen getragene Wut spiegelt ihre ungeheilte Wut gegen ihren Vater. Ich erklärte Sally, dass ihre Freunde nicht ihr Vater sind, und wenn sie weiter Glück mit Aufmerksamkeit gleichsetze, würde sie scheitern. Sie musste lernen, dass ihre Freunde nicht auf sie reagieren, weil hinter jeder Forderung eine manipulative Erwartung stand. Mit jeder Bitte servierte sie ihnen ihre Vergangenheit auf dem Silbertablett. Sie musste aufhören, »ihnen ihren Schmerz zu servieren«, wie es der Sufi-Dichter Rumi einmal formuliert hat. Wir werden nur dann wirklich von anderen gehört, wenn wir unsere Bitten ohne Erwartung vorbringen.

Aus Sallys Geschichte können wir zwei wichtige Lektionen lernen. Die erste ist, dass du die Energie zurückbekommst, die du aussendest. Wenn du anderen manipulierende, kontrollierende Energie schickst, dann laufen sie weg. Sallys Problem war nicht das, um *was* sie bat, sondern *wie* sie es tat. Sie formulierte ihre Bitten zwar freundlich, aber die Energie dahinter brachte jeden dazu, wegzurennen. Ich erklärte ihr, dass ihr Freund diese Energie sogar durchs Internet spüren könne.

Alle Anstrengungen, Menschen in unserem Leben festzuhalten, damit sie unser Bedürfnis nach Liebe und Aufmerksamkeit erfüllen, richten sich zwangsläufig gegen die Beziehung. Was kannst du also tun, um das zu ändern? Loslassen.

Die Lektionen

Lektion Nummer eins:
Dein Liebespartner ist nicht dein einziger Lichtschalter
Das Ego redet dir ein, Funken gäbe es nur bei romantischer
Liebe. Um dir zu helfen, das anders zu sehen, lehrt der *Kurs*,
dass du deine romantischen Beziehungen brüderlicher und
deine brüderlichen Beziehungen romantischer sehen sollst.
Der Ausdruck »brüderlich« besagt lediglich »Freundschaft«.
Der *Kurs* lehrt uns, dass du deinen Geliebten nicht vergöttern und jedem in deinem Leben die gleiche Wahrnehmung
von Liebe entgegenbringen sollst. Wenn du dich nicht
nur auf eine Person konzentrierst, ist sie nicht mehr so »besonders«.

Ein gutes Beispiel dafür wurde mir in einer meiner Grup-
pen-Coaching-Sitzungen erzählt. Alexandra berichtete eindrucksvoll, wie die »Besonderheit«, mit denen sie ihre romantischen Beziehungen immer umgeben hatte, ihr eines
Tages klar wurde, als sie mit ein paar Freunden bei einem
Konzert war. Eine ihrer Freundinnen kam zu spät. Während
des ersten Sets merkte Alexandra gar nicht, dass ihre Freundin noch nicht da war. Aber als sie schließlich auf die Uhr
blickte, stellte sie fest, dass die Freundin bereits über eine
Stunde zu spät war. Sie schickte ihr eine freundliche SMS:
»Ich hoffe, du stehst nicht im Stau. Ich wünschte, du wärst
hier.« Ihre Freundin kam erst nach der Pause, genoss das Konzert aber trotzdem.

Später an jenem Abend dachte Alexandra über den Vorfall
nach. Ihr wurde klar, dass sie mit der Situation ganz anders
umgegangen wäre, wenn sie statt auf ihre Freundin auf einen
Mann gewartet hätte. Wahrscheinlich wäre sie total ausgeflippt, wenn er wegen der Verkehrslage eine Stunde zu spät
gekommen wäre. Sie hätte das Konzert nicht genießen können. Diese Situation war für Alexandra ein klarer Hinweis da-

rauf, dass sie ihre romantischen Beziehungen in eine andere (höhere) Kategorie einordnete als ihre Freundschaften. Ich fand es ziemlich cool, dass sie das so klar erkannte und sah, wie stark ihr Ego sein konnte. Das Ego liebt es, Liebesbeziehungen von allen anderen Beziehungen in deinem Leben zu trennen.

Beginne damit, deine Liebespartner oder Dates als Freunde zu sehen. Stell dir vor, wie cool es wäre, wenn du völlig entspannt und authentisch mit einem Date umgehen könntest! Versuch es einmal. Deine Liebesbeziehungen werden mit Sicherheit leichter, wenn du deinen Partner als Freund siehst. Sei einfach du selbst und benimm dich so, als seist du mit deinen Freunden unterwegs. Das mag zuerst schwierig sein, aber es funktioniert. Entspann dich und sei einfach du. Deine authentische Wahrheit ist sexy. Hör auf, etwas vorzuspielen, und beginne zu sein. Sei du selbst!

Auf der anderen Seite solltest du deine Freundschaften romantischer machen. Ich bin bekannt dafür, wie ich von der allabendlichen Leidenschaft schwärme, die ich erlebe. Diese Leidenschaft kommt von den Frauengruppen, die ich coache. Liebe und Reichtum in diesen Gruppen sind unbeschreiblich. Wenn ich mit meinen Gruppen arbeite, habe ich das Gefühl, frisch verliebt zu sein. Und das bin ich auch! Ich *liebe* jede Frau im Raum. Ich liebe die Energie, die durch die Gruppe entsteht, aber auch durch die Heilung, die stattfindet. Die Energie im Raum erfüllt mein Herz, als ob mir ein Mann zum ersten Mal seine Liebe gestanden hätte. Jede Frau in den Gruppen kann diese Erfahrung bezeugen.

Ich habe einen Test mit ihnen durchgeführt. Ich habe sie gebeten, ihre Wahrnehmungen über besondere Beziehungen zu verändern, indem sie beobachten, welche Rolle die Liebe in ihren Freundschaften spielt. Sie kamen mit den unglaublichsten Geschichten in die Gruppe. Erica zum Beispiel hatte eine Freundin in LA besucht und sich die ganze Woche dort in Liebe eingehüllt gefühlt. Diese Liebe kam durch ihre gemeinsame Leidenschaft für Spiritualität. Die beiden Frauen freuten sich so über ihre Verbindung, dass sie in dieser Woche förmlich aneinander klebten. »Ich kam mir vor, als hätte ich mich verliebt«, sagte Erica. Und wenn du Leidenschaft, Feuer und Romantik in deinen Freundschaften hast, warum sollst du sie dann ausschließlich bei einem Liebhaber suchen? Klar, du kannst beides haben – aber warum sollten deine Freundschaften nicht gleichermaßen leidenschaftlich sein? Lass leidenschaftliche Liebe in *allen* deinen Beziehungen zu.

Vielleicht fällt es dir schwer zu begreifen, dass dein Geliebter nicht dein einziger Lichtschalter ist. Du bist aufgewachsen mit Märchen vom strahlenden Prinzen und vom Ritter in glänzender Rüstung. So schön diese Märchen sind, sie haben Schaden bei dir angerichtet, weil sie die Wahrnehmung des Egos von der »besonderen Liebe« unterstützen. Ich will deine Träume nicht platzen lassen, im Gegenteil, ich will sie noch ausweiten.

Lektion Nummer zwei: Beziehungen sind Aufgaben
Hast du das gleiche Muster in jeder Liebesbeziehung wiederholt? Zeigst du immer wieder das gleiche Verhalten und erhältst immer wieder die gleichen Ergebnisse? Der Grund dafür ist, dass alle Beziehungen Aufgaben sind, an denen wir wachsen sollen. Der *Kurs* lehrt uns, dass die Hindernisse, auf die wir in allen Beziehungen stoßen, Chancen zum optimalen Wachstum sind. Das Universum bringt genau die Individuen zusammen, die die größte Kapazität zum Lernen und Heilen haben.

Nehmen wir mal meine Freundin Gina als Beispiel. Gina war ein Jahr mit Will zusammen. Nach diesem Jahr war sie seine unverbindliche Haltung leid. Sie wollte gerne heiraten, aber er dachte nicht daran. Statt ihrem Ego zu folgen, hörte Gina auf ihre Intuition. Die Stimme in ihr sagte: »Vergib ihm und lass ihn los. Er tut sein Bestes.« Sie folgte ihrer inneren Stimme und trennte sich auf friedliche Weise von Will. Diese Erfahrung lehrte sie die Lektion der Vergebung. Da sie ihm vergab und ihn losließ, konnte sie mit ihm befreundet bleiben, obwohl die Trennung schmerzlich war. Da sie mit Will eine optimale Lernerfahrung gemacht hatte, war Gina bereit für eine andere Aufgabe.

Bald lernte sie einen Mann namens Garret kennen, der ebenfalls gerne heiraten wollte. Gina und Garret waren sieben Monate zusammen. In dieser Zeit lernte Gina zwei wichtige Lektionen und ein neues Verhalten. Sie lernte, wie sie ihre Bedürfnisse empfangen und ehren konnte. Am Ende des siebten Monats trennte sich Garret völlig unerwartet von Gina. Zu Ginas Überraschung war sie jedoch nicht besonders enttäuscht. Sie wusste, dass diese schöne Liebesbeziehung ihr die besten Gelegenheiten zum Lernen geboten hatte, auch wenn sie nicht so lange gedauert hatte. Der *Kurs* lehrt uns, dass die Beziehung durch etwas Besseres (mit neuen Gelegenheiten zum Lernen) ersetzt wird, wenn die Gelegenheit zum Lernen vorbei ist. Genau das passierte Gina. Innerhalb von zwei Wochen kam sie wieder mit Will zusammen. In der Zeit, in der sie getrennt waren, hatte er selbst reichlich Gelegenheit zum Lernen gehabt, und zwar in der Beziehung mit sich selbst. Er hatte gelernt, sich selber wahrhaft zu lieben und war daher jetzt bereit, Gina richtig zu lieben.

Da sie beide eine gewisse Heilung erfahren hatten, waren sie jetzt beide bereit, sich erneut aufeinander einzulassen. Sie hatten ihre »besondere« Beziehung in eine gesunde, ausgeglichene Beziehung verwandelt, in der sie sich beide ihren individuellen Aufgaben stellten. Sie brauchten sich nicht mehr, um die Leere im anderen zu füllen, sondern waren einfach glücklich, ihr Licht miteinander zu teilen. Erst nachdem sie ihre individuellen Aufgaben bewältigt hatten, brachte das Universum sie wieder zusammen.

 **Die Verwandlung**

Richte deinen Fokus auf den Inhalt des Bildes, nicht auf den Rahmen

Ein weiterer Vorteil der Befreiungsgleichung besteht darin, dass du beginnst, dich eher auf den Inhalt der Beziehung zu fokussieren, als darauf, wie sie nach außen wirkt. Der *Kurs* sieht die »besondere Beziehung« als Bilderrahmen, der »wichtige« weltliche Wünsche darstellt – wie viel Geld der Partner verdient, seine Religion, seine Figur, etc. Die *heilige* Beziehung beruht eher auf dem Inhalt des Bildes als auf dem Rahmen. Wenn du dich auf den Inhalt konzentrierst, ist es dir völlig egal, wie viel Geld er verdient, weil es dich viel mehr interessiert, welches *Gefühl* er dir gibt. Indem du deinen Fokus vom Rahmen auf den Inhalt verschiebst, kannst du nach und nach die Wahrheit einer Person erfahren. Dann schwingt ihr wirklich auf einer Wellenlänge. Wenn du den weltlichen Rahmen des Egos loslässt, kannst du deinen Partner in seiner wahren Essenz sehen – in Liebe.

Der heilige Augenblick

Romantische Beziehungen haben mich schon immer aus dem Konzept gebracht. Jahrelang schuf ich in allen Beziehungen die gleichen Illusionen. Vor allem in einer Beziehung legte mich mein Ego aufs Kreuz. Ich war ein ganzes Jahr lang wütend, voller Vorurteile und steckte in der Vergangenheit fest. Ich war defensiv und unversöhnlich. Ich versuchte, durch Spiegelung meine eigenen Probleme zu ergründen, aber mein Ego brachte mich ständig dazu, mit dem Finger auf meinen Freund zu zeigen. Dieses Ego-Muster dauerte bis zum Wochenende um den 4. Juli. Das gesamte Wochenende über erzählte mein Ego mir schreckliche Geschichten über meine Beziehung. Am zweiten Tag unseres Urlaubs war ich das Geplapper meines Egos leid.

Daher beschloss ich, meine Intuition in einer Meditation um Hilfe zu bitten, bevor wir zum Feuerwerk gingen. Während ich meditierte, schickte ich meine Gedanken ans Universum und lauschte der Stimme meiner Intuition. Am Anfang der Meditation sagte ich laut: »Ich gebe meine Wut auf meinen Freund auf und entscheide mich dafür, ihm zu vergeben. Hilf mir, ihn anders zu sehen.« Innerhalb weniger Sekunden schwand meine Angst, und meine Intuition übernahm die Führung. Mein Freund erschien in meiner Meditation. Ich sah ihn deutlich vor mir stehen. Wir standen einander gegenüber. Bald schon begann sich sein Körper zu verändern. Strahlen weißen Lichts strömten durch ihn, und seine körperliche Gestalt verschwand. Ich konnte zwar seinen Körper nicht mehr sehen, hatte aber trotzdem das Gefühl, dass er noch bei mir war. Ich empfand ein überwältigendes Gefühl der Erleichterung. Ich war eingehüllt in Liebe.

In diesem Moment konnte ich ihm die Lügen, die mein Ego ihm zuschrieb, wahrhaft vergeben und ihn als gleich sehen, statt als jemand »Besonderen«. Indem ich seine Unschuld sah, fühlte ich mich, als seien wir eine verbundene Energie von weiß funkelndem Licht. Das war viel, viel besser als jedes Feuerwerk zum 4. Juli! Es war ein »heiliger Augenblick«.

Der heilige Augenblick kann jederzeit eintreten, wenn du beschließt, deine Ängste deiner Intuition zur Heilung zu überlassen. Deine Intuition kann alles heilen, was du ihr darbietest. Im heiligen Augenblick kannst du mit Hilfe der Intuition die Illusionen deines Egos durch Vergebung auflösen. In meinem Fall schien diese Liebe durch, als ich in der Lage war, meinen Freund als gleich zu sehen, statt ihn »besonders« und getrennt von mir wahrzunehmen. In diesem Augenblick konnte ich meine Ängste und meine Wut loslassen und ihn in seiner wahren Essenz sehen.

Danach war ich von einem Gefühl des Friedens erfüllt. Der *Kurs* schreibt: »Im heiligen Augenblick ist niemand besonders, denn deine persönlichen Bedürfnisse kommen niemandem in die Quere, um dadurch deine Brüder anders erscheinen zu lassen. Ohne die Werte der Vergangenheit würdest du sie alle gleich und wie dich selber sehen. Im heiligen Augenblick siehst du in jeder Beziehung das, was sie sein wird, wenn du nur die Gegenwart wahrnimmst.«

Die heilige Beziehung

Es gibt eine Art von Beziehungen, in denen du fast alles auf den ersten Blick liebevoll wahrnehmen kannst. Das bezeichnet der *Kurs* als »heilige Beziehung«. Ich werde dich hier durch die Schritte der Befreiungsgleichung führen, damit du deine romantischen Illusionen loslassen kannst. Wenn es dir erst einmal gelungen ist, diese Illusionen loszulassen, bist du der heiligen Beziehung einen großen Schritt nähergekommen.

Eine heilige Beziehung beginnt unter einer anderen Voraussetzung. Diese Voraussetzung ist: Jeder der Partner hat nach innen geblickt und keinen Mangel gefunden. Er hat seine Vollständigkeit akzeptiert und will sie ausdehnen, indem er sich mit einer anderen, ebenso vollständigen Person verbindet. Dieser Text des *Kurses* beschreibt die heilige Beziehung als zwei ganze, geheilte Individuen, die sich statt in Angst in Liebe zusammenschließen. Die heilige Beziehung geschieht denjenigen, die sich ihren Aufgaben gestellt haben und ihrer Intuition gefolgt sind. Da jede Person ganz ist, braucht niemand den anderen zum Götzen zu machen. Die Partner in der heiligen Beziehung nehmen einander als gleich wahr. Der *Kurs* lehrt: »Die Heiligkeit in dir gehört ihm. Indem du sie in ihm siehst, kehrt sie zu dir zurück.« Das erklärt, dass das Licht in diesen beiden vollständigen Individuen einander spiegelt. Das Licht, das sie in ihrer Liebe sehen, ist ihr eigenes inneres Licht, das auf sie zurückstrahlt. In der heiligen Beziehung vervollständigt die andere Person dich nicht, sondern freut sich stattdessen mit dir über deine Vollständigkeit.

Wie du die Intuitionsgleichung auf Beziehungen anwendest

Die Befreiungsgleichung leitet dich an, deine romantischen Illusionen über »besondere Liebe« in heilige Wahrnehmungen zu verwandeln. Der erste Schritt der Gleichung, der Umdenkschritt, führt dich zum Licht in anderen Bereichen deines Lebens, neben deinem Liebespartner. Du machst eine Bestandsaufnahme deiner Sicht auf romantische Beziehungen und erhältst Tools zum Umdenken negativer Wahrnehmungen. Im Bewegungsabschnitt der Gleichung wirst du die Bekanntschaft mit den besten lichtspendenden, körperlichen Aktivitäten machen, die ich kenne. Diese lichtspendenden Aktivitäten führen dich zu deinem eigenen Lichtschalter.

Wenn du Zugang zu mehr Licht in dir selbst hast, wirst du angeleitet, dich von jeder »besonderen Beziehung«, die du geschaffen hast, zu lösen. Dann folgt eine Reihe von Meditationen, die ich strategisch entwickelt habe, damit du romantische Illusionen loslassen kannst. Diese Meditationen haben mich vor zahlreichen unnötigen Zusammenbrüchen bewahrt. Um deine *innere Führung* voll zu empfangen, befolgst du die einzelnen Schritte der Meditation und verfasst danach mit intuitivem Schreiben einen Brief zum Loslassen an dich selbst, der dein neues Verhalten einleitet. Dieser Brief wird ein heiliger Vertrag zwischen dir und dem Universum sein. Und er wird dich immer daran erinnern, wie schnell das Ego die Oberhand gewinnt, wenn es um romantische Liebe geht.

Die Befreiungsgleichung versieht dich mit Tools, mit denen du in jeder Beziehung deine Intuition einsetzt und dich den Aufgaben der jeweiligen Beziehung stellst. Und wenn du die Befreiungsgleichung bei jeder romantischen Aufgabe anwendest, so wirst du das erfahren, was der *Kurs* als »heilige Liebe« bezeichnet.

Sieh dir mit Hilfe der Befreiungsgleichung deine Muster in romantischen Beziehungen genau an. Stell dir die folgenden Fragen: *Fällst du auf romantische Illusionen herein? Wiederholst du die gleichen Muster in jeder Beziehung immer wieder? Hast du Angst vor romantischen Beziehungen?*

Die Befreiungsgleichung

Wie du in dreißig Tagen deine romantischen Illusionen loslässt

Schritt eins: Umdenken

Um die falsche Auffassung deines Egos von der Liebesbeziehung zu überwinden, musst du anfangen, deine Gedanken zu ändern. Nimm zunächst einmal die Muster deines Egos in romantischen Beziehungen unter die Lupe. Ich leite dich an, die Dinge anders zu sehen, indem du deinen Fokus vom Rahmen auf das Bild verschiebst. Als nächstes wirst du so geführt, dass du Licht in anderen Bereichen deines Lebens fernab deines Liebespartners findest. Und schließlich lernst du, deine eigenen Lichtschalter zu betätigen, statt deinen Partner als deine einzige Lichtquelle zu sehen.

Schau dir die Muster deines Egos in romantischen Beziehungen an

➤ Mache eine Liste deiner wichtigen Liebesbeziehungen in Vergangenheit und Gegenwart.
➤ Schreibe intuitiv die »Geschichte« jeder einzelnen Beziehung auf. Wie hat sie begonnen? Welche Dynamik hatte sie? Wie endete sie? Wie ist es heute?

> Befreie dich von den hässlichen Geschichten, die dein Ego dir immer über romantische Liebe erzählt hat.

Verschiebe deinen Fokus vom Rahmen auf das Bild

Schreibe auf, wie dein Partner dich Freude *fühlen* lässt. Wenn du Single bist, mach eine Liste, wie dein Partner dich Freude fühlen lassen soll. Indem du dir bewusst machst, welches Gefühl dein Partner innerlich auslösen soll, nimmst du den Druck von all dem Zeug an der Oberfläche, wie zum Beispiel, wie viel Geld er verdient oder was er studiert hat. Das ist nur der Rahmen. Aber das Gefühl, das er in dir weckt, ist der Inhalt, und nur das zählt wirklich in einer Beziehung. Der Rahmen hält nicht ewig.

Greife auf andere Lichtquellen zurück

> Mache eine Liste des Lichts in anderen Bereichen deines Lebens (mit dem Haustier spielen, Sport treiben, Musik hören, schreiben, usw.)
> Überprüfe, wie viel Liebe, Leidenschaft und Funken es in deinen Freundschaften gibt.
> Erstelle eine Liste davon, wo du mühelos Liebe findest. Gibt es Liebe in deinen Familienbeziehungen und Freundschaften? In deinen Büchern? In einem kreativen Projekt? Vielleicht sogar bei einem Haustier? Dass du die Liebe um dich herum erkennst, ist eine Reflexion der Liebe in dir.

Halt dich im Licht auf

Wenn dein Ego versucht, dir einzureden, dass Liebe nur durch einen Partner zu dir kommt, beweise ihm das Gegenteil. Schalte sofort eine deiner anderen Lichtquellen ein. Hör zum Beispiel Musik, die deine Laune hebt. Oder geh mit dem Hund spazieren. Beweg dich in den nächsten dreißig Tagen in wenigstens einem der Bereiche, der Licht in dein Leben bringt (von der Liebesbeziehung abgesehen).

Verabrede dich mit dir selber

Führe dich irgendwohin aus, wo du alleine vielleicht nicht hingehen würdest. Mach ein Picknick im Park. Geh ins Museum. Schau dir eine romantische Komödie an. Beginne eine Liebesbeziehung mit dir.

Schritt zwei: Umdenken + bewegen

Es gibt ein spezifisches Aerobic-Workout, das dein inneres Licht zum Leuchten bringt wie nichts anderes. Es heißt IntenSati. Erfunden wurde es von Intuitions-Guru Patricia Moreno, und es kombiniert ein Hardcore Kardio-Tanz-Workout mit positiven Affirmationen. Inten kommt von »intention« (Absicht) und Sati bedeutet »Achtsamkeit«. Die Kombination aus kraftvoller Bewegung und positiven Affirmationen schafft wundersame Veränderungen tief in dir und erfüllt dich mit deinem inneren Licht. Wenn ich schlecht drauf bin oder mich mit einem Ego-Rückfall auseinandersetzen muss, nehme ich an einem IntenSati-Kurs teil, und innerhalb von einer Stunde verändert sich alles. Und das Beste daran ist, dass du das über Patricias zahlreiche DVDs auch zu Hause machen kannst (www.gabbyb.tv).

Jede Aktivität, die deinen Körper in einen positiven Flow bringt, hat die Macht, dein *inneres Licht* zu entzünden. Zusätzlich zu IntenSati kannst du auch Kurse in afrikanischem Tanz oder Bollywood-Dance belegen oder in einen brasilianischen Capoeira Kurs gehen.

Schritt drei:
Empfangen (Meditieren/intuitives Schreiben)

Meditation war mein wichtigstes Tool, um meine romantischen Illusionen in liebevolle Realität zu verwandeln. Deshalb habe ich spezielle Meditationen entwickelt, mit denen du die Angst des Egos in Beziehungen loslassen kannst. Ziel dieser Meditationen ist es, durch deine Intuition die wahren

Gefühle an die Oberfläche zu holen, die unter der Angst des Egos verborgen sind. Jedes Mal, wenn du deine Ängste durch Meditation deiner Intuition übergibst, lässt du dein Ego los, sodass die Liebe zum Vorschein kommen kann.

Befreiungsmeditation

Diese Meditation befreit dich von der »besonderen Beziehung« des Egos. Im *Kurs* heißt es: »Lass dich los und lass andere los.« Befreie sie, indem du sie täglich loslässt. Dazu ist meistens Vergebung erforderlich. Es ist sehr gut möglich, dass du auf die falschen Geschichten gehört hast, die dein Ego über deinen Partner erzählt hat. Vermutlich hast du sie als Realität gesehen. Vergib deinem Partner durch deine Meditation. Denk daran, dass durch die Vergebung auch *du* befreit wirst. Wenn du deinen Liebespartner loslässt, lässt du ihn so sein, wie er sein muss. Durch die Vergebung kannst du ihn so sehen, wie er wirklich ist. Das kann deine Beziehung für den Rest deines Lebens verändern. Wenn die Illusion sich auflöst, kannst du auch die Beziehung in ihrer Wahrhaftigkeit sehen. Diese Meditation kann auch zu einer friedlichen Trennung führen. Vergebung führt dich letztlich zu einer Beziehung in Liebe. Sie bringt dir die Klarheit und Liebe, die du brauchst, um aufrichtige Entscheidungen zu treffen, die nicht auf deinem Ego, sondern vielmehr auf deiner Intuition beruhen. Dieses Tool befreit euch beide. Lass das Ergebnis los und genieße die Freiheit.

Lade dir die Meditation von www.gabbyb.tv/meditate herunter oder folge dem Text.

Atme tief durch die Nase ein und durch den Mund aus.
Stell dir deinen Partner im Geiste vor.
Sieh ihn vor dir stehen.
Lächle und heiße sein Bild willkommen.
Atme tief ein und rezitiere im Geiste – *Ich vergebe dir.*

Atme aus – *Ich lasse dich los.*
Atme ein – *Ich akzeptiere dich.*
Atme aus – *Das Licht in dir spiegelt das Licht in mir wider.*
Wir teilen dieses Licht.
Stell dir vor, wie sich eine Kugel aus weißem Licht in
deinem Herzen bildet.
Schicke beim Ausatmen Licht aus deinem Herzen
in sein Herz.
Dieses Licht repräsentiert deine Liebe und eure wahre
Verbindung.
Rufe beim Einatmen das Licht aus seinem Herzen
zurück in dein Herz.
Halte die Vision dieses gemeinsamen Lichts.
Atme weiter das Licht ein und schicke es beim
Ausatmen zurück zu ihm.
Du siehst, wie ein wunderschöner weißer Lichtstrahl
zwischen dir und deinem Partner hin und her geht.

MediDating

Zusätzlich zur beschriebenen Meditation habe ich eine Medi-Dating-Meditation hinzugefügt, die den Dating-Prozess entmystifiziert. Diejenigen, die im Moment nicht in einer Liebesbeziehung sind, können diese Meditation super vor einem Date anwenden. Sie baut dich auf und schaltet dein Licht ein, bevor du aus dem Haus gehst. MediDate in den nächsten dreißig Tagen jeden Tag.

Abend-MediDation

Beginne mit einer Abend-MediDation, bevor du schlafen gehst. Stell dir deine neue Geschichte vor. Sieh dich selbst bei einem Date mit dieser Person, die du absolut toll findest. Ganz wichtig ist, dass du dich von dieser Vision in ein positives Gefühl führen lässt. Meditiere mindestens fünf Minuten lang.

Walking-MediDation

Geh mit deiner neuen Geschichte spazieren. Halte die Vision deines gewünschten Dates, während du zur Arbeit, ins Sportstudio oder zu einer Verabredung gehst.

Lass dich in Gedanken zu dem Ort führen, wo du das Gefühl hast, mit dieser tollen Person zusammen zu sein, und genieße das Gefühl. Geh durch die Straßen, spüre dieses kraftvolle Gefühl, und du wirst unweigerlich auf andere anziehend wirken.

MediDation für den großen Abend

Wenn du eine tolle Verabredung hast, sorge dafür, dass du auch wirklich Spaß dabei hast. Um dich in positive Schwingungen zu versetzen, kannst du die folgende MediDation für den großen Abend anwenden. Meditiere mindestens fünf Minuten. Stell dir genau vor, wie der Abend ablaufen soll, vom Taxi bis hin zum Gutenachtkuss. Zum Mantra »Ich bin entspannt« atmest du ein, und beim Ausatmen rezitierst du »Ich empfange«. Nimm dieses Mantra mit zur Verabredung und rezitiere es den ganzen Abend lang.

Intuitives Schreiben

Schreib dir selbst einen heiligen Vertrag, in dem du dich verpflichtest, deine neuen Verhaltensmuster in romantischen Beziehungen einzuhalten. Lass dein altes Verhalten los und unterschreibe eine neue Vision für Liebe. Ein Mustervertrag könnte so aussehen:

Ich, Michelle, bin bereit, meine Muster in romantischen Beziehungen zu verändern. Ich verpflichte mich, meinen Partner als gleichwertig mit allen Menschen und Dingen, die ich liebe, zu sehen. Ich verspreche, ihn nicht zum Idol zu erheben, und ihn eher für seine innere Größe statt für seinen äußeren Rahmen zu ehren. Von diesem Tag an verpflichte ich mich, meine romantischen Illusionen in heilige Liebe zu verwandeln.

Unterzeichnet,

Michelle

Lies diesen Vertrag dreißig Tage hintereinander vor dem Schlafengehen durch. Lass dich dadurch sanft daran erinnern, dass du dich der heiligen Beziehung verpflichtest und die »besondere Liebe« loslässt.

Im nächsten Kapitel wird dein Frieden durch die Klettergleichung weiter gefördert. Atme tief durch und mache dich bereit zum Klettern!

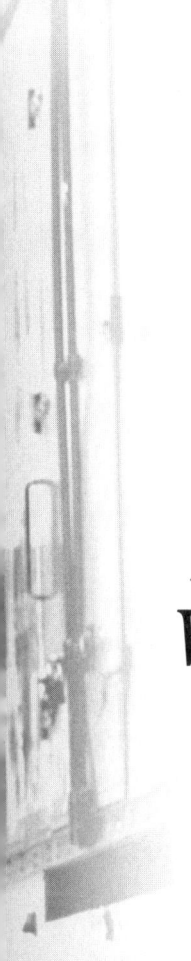

KAPITEL 6

Klettern: Dein intuitiver Weg zu höheren Gedanken

Suche deshalb nicht die Welt zu ändern,
sondern entscheide dich,
dein Denken über die Welt zu ändern.

EIN KURS IN WUNDERN

Laurens Wecker klingelt morgens um sieben Uhr. Sie döst dann noch weitere zehn Minuten, aber das gelingt meistens nicht wirklich, weil ihre Gedanken schon ihren eigenen Wettlauf begonnen haben. Innerhalb weniger Sekunden, nachdem sie morgens die Augen aufgeschlagen hat, erklärt ihr Ego ihr schon, dass sie eine Versagerin ist. Ihr Ego sagt, sie sei fett und faul, weil sie nicht um sechs Uhr aufsteht, um ins Sportstudio zu gehen. Immer noch im Bett greift sie nach ihrem BlackBerry und stellt fest, dass der Typ, den sie gut findet, ihr nicht zurückgeschrieben hat. Um den Schmerz der Zurückweisung zu verdrängen, scrollt sie rasch durch ihre E-Mails. Erschreckt sieht sie, dass ihre Chefin ihr gestern Abend um elf noch eine E-Mail geschickt hat. Die Mail enthält eine Liste von Anordnungen und Erwartungen für die Woche, deren drohender Ton selbst durch den Cyberspace zu spüren ist.

Um dieses Gefühl der Angst zu unterdrücken, versucht sie, ihre Augen weitere zehn Minuten lang zu schließen. Doch das funktioniert nie. Ihre Gedanken rasen. Ihr Ego überflutet sie förmlich mit Gedanken wie: »Der Typ wird nie zurückrufen. Ich bin nicht schlank genug für ihn. Ich bin eine Versagerin, weil ich meinen faulen Arsch nicht hochkriege, um ins Studio zu gehen. Iiihh, ich habe zehn Pfund zugenommen. Was zum Teufel soll ich heute bloß anziehen? Mir passt doch keine einzige Hose! Grr, schon wieder der Wecker. Mist, es ist schon viertel nach sieben! Ich muss endlich in die Gänge kommen. Ich kann nicht schon wieder zu spät kommen, sonst werde ich noch gefeuert!« Lauren quält sich aus dem Bett und stolpert zum Badezimmer. Das ist jedoch bereits besetzt. Ihre Mitbewohnerin steht unter der Dusche. Mit mühsam unterdrückter Wut fragt Lauren, wie lange sie noch braucht. Ihr Tonfall mag liebenswürdig sein, aber die Energie und Gedanken, die hinter ihrer Frage stecken, sind es keineswegs. Ihre Mitbewohnerin erwidert: »Das dauert noch ein bisschen. Ich bin gerade erst aufgestanden, und ich muss mir noch die Beine rasieren.« Lauren platzt fast vor Wut.

Um sich abzulenken, schaltet sie die Nachrichten ein. Schlechte Idee. Während sie sich anzieht, hört sie ständig nur Meldungen über Rezession, Notverkäufe und Arbeitslosigkeit. Die Nachrichtensprecher ziehen Lauren in einen Ego-Tornado von Angst, ausgelöst von ihren aktuellen Arbeitsumständen. Sie beginnt darüber zu grübeln, wie viel sie zu tun hat und wie sehr sie auf ihren Job angewiesen ist. Hastig macht sie sich fertig, weil ihre Chefin sie bestimmt feuert, wenn sie schon wieder zu spät kommt. »Ach, ich spare mir die Dusche«, denkt sie und nimmt einfach noch ein bisschen mehr Deodorant. In der Eile zerreißt sie ihre Strumpfhose.

Da sie keine saubere mehr im Schrank findet, zieht sie die Strumpfhose vom Tag zuvor aus der schmutzigen Wäsche. »Das Leben ist zum Kotzen!«, flucht sie leise. Sie stürmt aus der Tür, läuft am Bagel Laden vorbei und verzichtet auf das Frühstück. Stattdessen nimmt sie einen großen Kaffee von Starbucks und rennt weiter zur Arbeit. Als sie ihr Büro erreicht, zittert sie von dem vielen Kaffee auf leeren Magen.

Da sie noch fünf Minuten Zeit hat, gönnt sie sich zur Beruhigung noch eine Zigarette. Beim Rauchen überschlagen sich ihre Gedanken schon wieder. Sie geht im Geiste vier bis fünf Mal ihre To-Do-Liste durch, kann sich aber nicht darauf konzentrieren, weil das Ego sie zwischendurch immer wieder daran erinnert, dass der Typ sich nicht gemeldet hat.

Im Laufe des Tages wird es nicht besser. Eigentlich sogar schlimmer. Sie ist kaum in ihrem Büro, als ihre Chefin sie auch schon mit Befehlen überfällt. Ihr Tonfall klingt so negativ, dass Lauren immer mehr Angst bekommt, sie könne ihren Job verlieren. Den ganzen Tag über ist sie angespannt und gestresst. Die angsterfüllten Gedanken und Gefühle verleiten sie dazu, ernsthafte Fehler zu machen. Am schlimmsten ist, dass sie ihrer Chefin aus Versehen eine Chat-Nachricht schickt, die für eine Freundin bestimmt war. Als sie Laurens Nachricht liest, bekommt ihre Chefin einen Wutanfall, macht ihr vor dem gesamten Büro eine Szene und entlässt sie fristlos.

Diese Folge von Ereignissen führte bei Lauren – glücklicherweise – dazu, dass sie an ihrem persönlichen Tiefpunkt angekommen war, was schon lange fällig war. Manchmal können wir notwendige Veränderungen erst vornehmen, wenn die Außenwelt unser inneres Chaos einholt. Das war bei Lauren der Fall. Sie musste erst ihren Job verlieren, um endlich damit zu beginnen, etwas gegen ihre schädlichen Gedankenmuster zu unternehmen. Schließlich landete sie in meiner Coaching-Praxis. In der ersten Sitzung fragte ich sie sanft: »Was ist mit dir los?« Tränen traten ihr in die Augen, als sie erwiderte: »Ich habe keine Ahnung. Ich fühle mich jeden Tag beschissen. Ich habe unendlich viel zugenommen. Ich habe meinen Job verloren. Die Männer mögen mich nicht. Meine Mom nervt mich ständig, endlich einen Mann zu finden. Mein Dad drängt mich, mir einen neuen Job zu suchen. Und ich habe nicht das Gefühl, dass irgendetwas besser wird.

Bei mir herrscht das totale Chaos.« Meine Antwort darauf lautete: »Herzlichen Glückwunsch, meine Liebe, du bist an der richtigen Stelle angekommen.« Fröhlich fügte ich hinzu: »Du bist hart auf dem Boden aufgeschlagen, was bedeutet, dass du nicht mehr fällst. Von jetzt an liegt es an dir!«

Laurens chaotische Lebensumstände waren ein Spiegel für das Chaos in ihrem Kopf. Im *Kurs in Wundern* heißt es: »Nur durch meine Gedanken werde ich beeinflusst.« Weil Laurens Gedanken in einen Wirbelsturm des Egos geraten waren, war auch ihre Energie dort hineingezogen worden. Ihre negativen Gedanken verwandelten sich in negative Energie, und daraus entstanden unglückselige Umstände. Ohne dass Lauren es wusste, hatte sie diese Umstände durch ihre Gedanken hervorgerufen. Sie musste die notwendigen Schritte unternehmen, ihre Gedanken zu überwinden, damit sie die Welt aus einer ganz anderen Perspektive sehen konnte. Außerdem musste Lauren ihr Verhalten ändern. Wenn sie weiterhin ständig dachte, »Ich stecke fest und komme da nicht raus«, dann würde es auch so sein. Ich erklärte ihr, sie müsse zu einer neuen Art des Denkens hinaufklettern, und so werde ich es auch dir erklären, wenn du bereit bist, deine negativen Gedankenmuster zu überwinden und dein Leben zu ändern.

Der Fokus liegt in diesem Kapitel darauf, zu zeigen, wie wichtig es ist, negative Gedankenmuster zu überwinden und zu lernen, das Leben von einer höheren, positiven Perspektive aus zu sehen. Ich erkläre, warum Klettern die perfekte intuitive Aktivität ist, um herauszufinden, wie man diese höhere Perspektive des positiven Denkens erreichen kann. Außerdem wirst du lernen, wie du aus deinem Ego herauskletterst und nach den Gedanken deines höchsten Selbst greifen kannst. Dabei kannst du aus der Vogelperspektive erkennen, wie ein Leben voller positiver Gedanken sein kann. Ich bitte dich, mir durch die Bewegungsgleichung zu neuen Höhen des Denkens zu folgen.

Wie Gedanken Energie beeinflussen

Deine Gedanken erzeugen Energie. Ich werde dir jetzt ein Konzept vorstellen, das zwar neu für dich sein mag, aber es verdeutlicht, worum es hier geht. Dieses Konzept ist angewandte Kinesiologie, auch bekannt als »Muskeltest«. Erfunden wurde es von Dr. George Goodheart. Wayne Dyer, ein international bekannter Autor, der Vorträge über Selbstentwicklung hält (und einer meiner Favoriten!) erklärt dieses Konzept ganz großartig, indem er sagt, »hinter jedem Gedanken steckt Energie«. Laut angewandter Kinesiologie ist deine Energie stärker, wenn du höhere Gedanken denkst, so wie Liebe, Freundlichkeit und Freude. Sind dagegen deine Gedanken auf niedrige Emotionen gerichtet, wie Traurigkeit, Angst oder Wut, ist deine Energie geschwächt.

Um dieses Konzept bei meinen Vorträgen visuell zu beweisen, bitte ich häufig eine mutige Zuhörerin, als menschliches Beispiel zu agieren. Ich bitte sie, ihren Arm waagerecht auszustrecken und Widerstand zu leisten, wenn ich versuche, ihn herunterzudrücken. Bevor ich den Arm herunterdrücke, fordere ich sie auf, etwas Positives, Liebevolles zu denken. Wenn ich dann versuche, den Arm herunterzudrücken, ist ihr Widerstand so stark, dass ich es nicht schaffe. Bitte ich sie dagegen, an etwas zu denken, was ihr Angst macht oder sie aufregt, wird ihr Arm schwach, und ich kann ihn leicht herunterdrücken. Mit dieser Übung kann man eindrucksvoll demonstrieren, wie deine Gedanken deine Energie beeinflussen. Der Arm meiner Freiwilligen ist unvergleichlich stärker, wenn sie glückliche Gedanken denkt. Innerhalb weniger Sekunden kann ihre Energie sich von kraftvoll und stark zu schwach und schlaff verschieben.

Übrigens beeinflussen deine Gedanken nicht nur deine eigene Energie. Alle Gedanken übertragen Energie auch nach außen. Negative Gedanken sind toxisch und schicken schlechte Schwingungen ins Universum. Diese Schwingungen nimmt jeder um uns herum auf. Das ist das Konzept des Universellen Gesetzes der Anziehung. Es lehrt uns, dass *Gleiches Gleiches anzieht*. Die Theorie besagt, dass deine niedrige Schwingung von anderen niedrigen Schwingungen angezogen wird. (Eine niedrige Schwingung ist vergleichbar mit einem negativen Gedanken.) Das Gleiche gilt für positive Schwingungen. Deine positiven Gedanken produzieren stärkere Energie, die wiederum positive Erfahrungen anzieht.

Viele Menschen sind sich ihrer Anziehungskraft gar nicht bewusst, und sind deshalb ein Leben lang völlig naiv mit ihren negativen Gedanken umgegangen. Denk einmal darüber nach. Auch du kennst sicher Leute, die sich ständig Sorgen machen. Diese Typen ziehen auch ständig Dinge an, über die man sich Sorgen machen muss. Am Ende eines Tages voller Sorgen stolpern sie vielleicht auf dem Bürgersteig und brechen sich ein Bein. Das zeigt, dass ihr zwanghaftes Sorgen ihre negative Energie so verstärkt hat, dass sie am Ende hinfallen. Wer sich sorgt, betet um Chaos. Wenn deine Gedanken im Chaos feststecken, erfährst du auch nur Chaos. Der Unterschied zwischen der Stärke höherer Gedanken und der Schwäche niedriger Gedanken ist dramatisch. In Laurens Fall war es der Unterschied zwischen Job und arbeitslos.

Einen Berg negativen Denkens bezwingen

Es macht keinen Spaß, mit negativen Gedanken, die negative Erfahrungen erzeugen, durchs Leben zu gehen. Aus diesem Grund habe ich die Klettergleichung entwickelt, die dich dazu anleitet, bewusst kraftvolle, glückliche Gedanken zu denken, die zu großartigen Ergebnissen führen. Das Ego entsteht oft aus niedrigem Selbstwertgefühl, und wenn du kletterst, startest du von einem tiefgelegenen Punkt und arbeitest dich empor.

In der Klettergleichung kletterst du auf die Gedanken deines höheren Selbst zu, die von der Stimme deiner Intuition genährt werden. Aus deinen negativen Gedankenmustern herauszuklettern erfordert Kraft und Hingabe. Mit dem Willen zur Veränderung und dem Mut zu klettern kannst du verhindern, dass dein Ego dich herunterzieht, und dein höheres Selbst erreichen. Das Ziel ist die Entscheidung, deine Gedanken auf eine Höhe zu bringen, die höher ist als dein Ego. Jeden Tag versucht dein Ego, dich auf sein Level herunterzuziehen. Wenn du jedoch die Haltung *Fortschritt, nicht Perfektion* einnimmst, kannst du ihm entkommen. Und wenn du ab und zu mal wieder ein Stück zurückrutschst, mach dir nichts draus – steh auf, klopf dir den Staub von den Kleidern und klettere weiter.

Ein Blick vom Gipfel

Dein Ziel beim Klettern zum höheren Selbst ist es, deine Gedanken dauerhaft zu verändern. Wenn du glaubst, dein Leben steckt fest, steckt alles fest.

Du kannst mit tollen Ergebnissen rechnen, wenn du dich dafür entscheidest, deine Gedanken zu verändern. Wenn deine Gedanken auf Liebe ausgerichtet sind, lösen sie gute Schwingungen aus. Wenn deine Schwingungen gut sind, dann ziehst du hundertprozentig nur Gutes an. Als Lauren mit der Klettergleichung anfing, begannen ihre chaotischen Gedankenmuster zu schwinden. Als Ergebnis ihrer Hingabe an die Klettergleichung beruhigte sich ihr Geist. Ihre neuen entspannten Gedanken führten zu mehr entspannter Energie. Ihr gefiel dieses neue Lebensgefühl, und den anderen um sie herum auch. Den Leuten fiel sofort auf, dass sie sich verändert hatte. Dadurch, dass sie mit ihren Gedanken und ihrer Energie neue Höhen erreichte, konnte Lauren sich einen neuen Job sichern. Und, was das Beste war, statt sich von den unvermeidlichen Herausforderungen des Lebens aufreiben zu lassen, lernte sie, sie als Chancen zum Wachstum zu nutzen.

Klettere zu neuen Gedanken

Die Intuitionsgleichung beginnt wie immer mit Umdenken. Ich führe dich durch Tools, die dir helfen, aus negativen Gedankenmustern zu kraftvolleren Gedanken zu finden. Als nächstes wirst du an der Felswand klettern, um deinem Körper zu zeigen, wie es sich anfühlt, die Höhen des Glücks zu erreichen. (Wie immer werde ich auch zusätzliche Aktivitäten vorschlagen. Es gibt eine Reihe von Aktivitäten, die ähnliche körperliche Herausforderungen und geistige Anstrengung erfordern wie Klettern. Und auch diese Aktivitäten werden dich körperlich in die Höhe bringen.) Danach führe ich dich in eine Meditation, die das mentale Umdenken weiter fördert, indem du negative Gedanken überwindest und sie in höhere Gedanken der Selbstliebe verwandelst. Um vorwärtszukommen, wirst du ein ganz neues Glaubenssystem intuitiv aufschreiben, was auf den höheren, positiven Gedanken beruht, die du anstrebst.

Bevor du dich ans Klettern machst, halte einen Moment inne und betrachte deine Gedankenmuster. Um das zu tun, stelle dir die folgenden Fragen: *Hast du das Gefühl, in zwanghaften Gedankenmustern festzustecken? Schaust du zum Beispiel ständig auf die Facebook-Seite deines Schwarms? Oder denkst du zwanghaft darüber nach, was du gestern Abend alles gegessen hast? Vergleichst du dich ständig mit anderen Leuten? Führen deine negativen Gedanken zu noch mehr Negativität in deinem Leben? Grübelst du zu viel?*

Die Klettergleichung

In dreißig Tagen zu höheren Gedanken

Schritt eins: Umdenken

Warum solltest du noch Zeit auf negative Gedanken verschwenden? Lass uns damit aufräumen und Platz schaffen für deine Intuition. Die Veränderung der Gedanken ist der Kernpunkt der Intuitionsarbeit, und das dürfen wir nicht auf die leichte Schulter nehmen. In diesem Fall geht es darum, über die Gedanken hinauszuklettern, die dich herunterziehen, und sie durch Gedanken zu ersetzen, die dich in neue Höhen heben. Lass uns das Umdenk-Klettern mit einer Methode beginnen, die ich als die drei Es bezeichne – erkennen, erinnern, entlassen.

Um zu erkennen, schling dir ein Gummiband um das Handgelenk. Das Gummiband soll dich sanft daran erinnern, dass du dein Denken verändern willst. Wenn dein Ego sich vordrängt, dann schnipst du das Gummi gegen deinen Arm. Tu das jedes Mal, wenn du einen negativen Gedanken oder ein unbehagliches Gefühl erkennst. Das Nächste ist Erinnern. Zum Erinnern nimmst du Papier und Stift und schreibst: »*Ich blockiere mich selbst, wenn ich zuhöre, wie mein Ego sagt* _____.« Schreib in die Lücke jede Ego-Illusion, die dich davon abhält, in diesem Moment glücklich zu sein. In Laurens Fall sah das Erinnern so aus: »Ich blockiere mich selbst, wenn ich zuhöre, wie mein Ego sagt, ich sei zu fett.« Oder: »Ich blockiere mich selbst, wenn ich zuhöre, wie mein Ego sagt, ich könne keinen neuen Job finden.«

Das Dritte ist Entlassen. Hol tief Luft und spüre in das Gefühl hinein, das dich überkommt, wenn dein Ego dir eine hässliche Illusion vermittelt. *Sei* einfach neunzig Sekunden lang mit den Gefühlen, die in dir aufkommen. Denk daran, dass all dein Grübeln nur das Denken über ungeheilte Gefühle ist. Lass das Gefühl durch dich hindurch laufen und ehre es für das, was es ist. Entlasse es beim Ausatmen ins Universum. Sage in Gedanken, *Ich wähle Liebe und lasse Angst los. Ich heiße eine Veränderung in der Wahrnehmung willkommen.*

Je häufiger du den Prozess der drei Es wiederholst, desto leichter wird es dir fallen, die Kraft deines Egos zu identifizieren. In seinem Buch *Jetzt – Die Kraft der Gegenwart* schreibt Eckart Tolle, wenn man das Ego erkennt, wird man zum »Beobachter des Denkers«. Und wenn man das Ego beobachtet, hört es sofort auf. Indem man sich an dessen Illusion erinnert, trennt man sich vom Alptraum des Egos. Man *»beobachtet den Denker«*. Und beim Loslassen leuchtet man in die Dunkelheit, sodass das Ego seine Kontrolle verliert. Durch diese Übung löst du dich vom Ego und beginnst sogar, dich selbst anders zu sehen. Es kostet Mühe, dich aus der Dunkelheit zu ziehen, aber sie lohnt sich. »Die grundlegende Veränderung wird dennoch mit der Veränderung des Denkens im Denkenden eintreten«, heißt es in *Ein Kurs in Wundern*.

Als zusätzliches Tool kannst du beim Umdenk-Schritt die »positive Gedankenleiter« anwenden. Wenn dir ein negativer Gedanke kommt, klettere einfach die Leiter hinauf, wobei du dich von den positiven Gedanken deiner Intuition leiten lässt. Du kannst in dem Moment damit anfangen, wenn du ein negatives Gefühl spürst. Du kletterst buchstäblich von deinen angsterfüllten Gedanken weg zu höheren Gedanken, indem du dich in einen neuen, positiven Gedankenprozess hineinredest. Ein Beispiel: Anna stellt fest, dass sie sich unwohl fühlt, weil sie denkt: »*Du hast heute zu viel gegessen und siehst fett aus.*« Statt jetzt in ein Angstloch zu fallen und den Rest des Tages kaum noch etwas zu sich zu nehmen, beschließt Anna zu klettern. Sie greift aktiv nach besseren Gedanken. »*Es ist in Ordnung, dass ich heute gegessen habe, worauf ich Appetit hatte. Ich habe gestern Abend Sport gemacht, und zum Abendessen kann ich mir einen gesunden Salat gönnen. Ich muss mich nicht jedes Mal ärgern, wenn ich etwas esse, das nicht auf meinem Diätplan steht. Ich erkenne diese Gedanken als mein Ego, und ich entscheide mich dafür zu glauben, dass ich gesund und schön bin.«*

Benutze die drei Es und die positive Gedankenleiter in den nächsten dreißig Tagen jeden Tag. Ich muss heute noch jeden Tag beide Übungen machen, um mit meiner Intuition verbunden zu bleiben. Deine negativen Gedanken kommen immer wieder. Aber wenn du weißt, dass du zwei starke Tools in der Hinterhand hast, hilft dir das jederzeit, aus der Illusion des Egos herauszuklettern.

Schritt zwei: Umdenken und Bewegen

Wenn du dich mit deinen Umdenk-Tools bewegst, förderst du dein mentales Klettern. Eine der besten Aktivitäten für die Klettergleichung ist Felsklettern, was du an der Kletterwand in deinem Sportstudio machen kannst. Mein Kumpel Ivan Greene ist eine Kletter-Legende. Er hat Ende der 80er Jahre mit dem Klettern angefangen und ist der Co-Autor von *Bouldering in the Shawangunks*, dem definitiven Führer für Freeclimber. Ivan sagt:»Klettern ist die beste Methode, um einen klaren Kopf zu bekommen. Die Gedanken müssen dir dienen, und nicht dich führen. Die Essenz des Kletterns ist die Freude zu sein. Die Fähigkeit, über begrenzende Gedanken und vorgefasste Vorstellungen wie *Ich bin zu klein, Ich bin zu schwach, Ich bin zu schwer, zu dick, ich habe das noch nie gemacht, diese Wand ist so hoch* hinauszugehen. Klettern hilft dir, all diese negativen Gedanken zum Schweigen zu bringen.«

Einmal bin ich mit Ivan zusammen die Chelsea-Piers-Kletterwand in New York City hinaufgeklettert. Ich wollte eigene neue Höhen erreichen und einen klaren Kopf bekommen. Anfangs waren meine Gedanken noch voller Angst. Ich hatte nicht nur Angst vor der Höhe, sondern auch noch einen Rest von Angst aus anderen Gründen, weil mein Ego mich zu einem üblen Streit mit meiner Freundin verleitet hatte. Ich hatte Angst, dass sie nicht einlenken und unser Ärger nie mehr vergehen würde. Als ich zu klettern begann, gelobte ich mir, mit jeder Bewegung nach oben nach besseren Gedanken zu greifen. Und so entschied ich mich bei jeder Bewegung für einen neuen, besseren Gedanken über meine Freundin. Während ich mich an der Wand hochzog, stellte ich mir vor, wie ich mich immer weiter von meinem Ego entfernte. Oben angekommen, war ich nicht nur belebt von der Klettertour, sondern hatte auch meine Meinung über meine Freundin komplett geändert. Kaum war ich wieder am Boden angekommen, rief ich sie an, um mich zu entschuldigen.

Eine zusätzliche Aktivität, die körperlich dabei hilft, dich über das Ego hinaus zu führen, ist Wandern. Ich bin mit meinem Ego schon oft wandern gegangen. Am Fuße eines Hügels oder Bergs erkläre ich meine Absicht, höhere Gedanken zu fassen. Und mit jedem Schritt, den ich tue, lasse ich auch meine Gedanken höher klettern. Körperlich und mental steige ich zu einer besseren Schwingung und in mein höheres Selbst auf. Wenn ich oben am Gipfel angekommen bin, fühle ich mich großartig. Ein Gefühl der Befreiung überkommt mich. Ich bin erfolgreich in eine neue Art zu denken geklettert und kann jetzt die Aussicht von oben genießen. (Du kannst auch auf den Stepper gehen oder auf dem Laufband eine Neigung einstellen.)

Schritt drei:
Empfangen (Meditieren/intuitives Schreiben)
Meditation ist das wichtigste Tool, um dem Ego davon zu klettern und höhere Gedanken von deiner Intuition zu empfangen. Ich schlage vor, Musik laufen zu lassen, um die Klettermeditation zu verstärken. Spiel einfach einen deiner lebhaften Lieblingssongs ab und meditiere dabei. Lass dich von der Musik aus dem Ego in die Freude führen. Um noch

einen Schritt weiter zu gehen, kannst du eine Playlist zur »positiven Wahrnehmung« erstellen, mit Songs, bei denen du dich gut fühlst. Zu meiner Playlist gehören Songs wie Stevie Wonders, »Superstition«, White Snakes, »Here I go Again«, und Sarah McLaughlins »Ordinary Miracles". Greif in deine Musiksammlung und erstelle eine Playlist für positive Wahrnehmung. Wenn du erkennst, dass dein Ego loslegt, kannst du sofort einen der Songs abspielen und in eine Musikmeditation gehen.

Ich führe dich jetzt durch eine meditative Kletterpartie vom Ego zur Intuition deines höheren Selbst. (Du kannst meine Audio-Meditation auf gabbyb.tv/meditate herunterladen.)

Schließ deine Augen, atme tief ein und langsam aus.
Stell dir vor, du stehst am Fuß eines Berges.
Wenn du hinaufblickst, siehst du wundervolles helles Licht
*   am Gipfel.*
Du beschließt, zu diesem Licht hinaufzuklettern.
Dieses Licht repräsentiert höhere Ebenen des Denkens.
Mit jedem Schritt kommst du dem Licht deiner höheren
*   Gedanken näher.*
Atme ein – Ich wähle bessere Gedanken.
Atme aus – Ich klettere von der Dunkelheit in die Höhen
*   des Lichts.*
Atme ein – Ich habe den Mut zu klettern.
Mit jedem Schritt fühlst du dich leichter und leichter,
*   während du dich immer weiter von den Illusionen deines*
*   Egos entfernst.*
Atme aus – Ich klettere höher und greife nach höheren
*   Gedanken.*
Atme ein – Ich werde zum Licht geführt.
Atme aus – Ich lasse mein Ego los und greife nach oben.
Atme ein – Ich heiße den Gipfel des Berges willkommen und
*   lasse das niedrige Denken los.*

Du erreichst den Gipfel und spürst, wie dich Erleichterung überflutet.

Ich entscheide mich zur Veränderung meiner Sichtweise.

Ich wähle Liebe statt Angst.

Meine Gedanken sind klar, und ich nehme Wunder an.

Sieh dich selbst, wie du vom Gipfel des Berges auf deine alte Sicht herunterblickst und genieße die Aussicht von der höher gelegenen Welt.

Intuitives Schreiben

Nach jeder Kletteraktivität solltest du direkt mit dem intuitiven Kletterschreiben beginne. Maximiere deine Zeit auf *intuitivem Terrain* und bringe deine höheren Ideen zu Papier. Indem du deine neuen Gedanken nach einer Kletteraktivität aufschreibst, prägst du deinem Unterbewusstsein die neue Art zu denken ein.

Um die Veränderung der Denkweise noch zu verstärken, kannst du den ganzen Tag lang intuitiv schreiben. Ich schlage vor, du trägst in den nächsten dreißig Tagen überall ein kleines Notizbuch mit dir herum. Du kannst es benutzen, um die drei Es zu praktizieren und jederzeit intuitiv schreiben zu können.

Wenn du bereit bist, noch größere Höhen zu erklimmen, rate ich dir, in den nächsten dreißig Tagen jeden Morgen zu schreiben. Morgens ist die beste Zeit, um deine Gedanken klettern zu lassen. Julia Cameron, die weltbekannte Autorin von *Der Weg des Künstlers,* hat eine Übung entwickelt, die sie »Morgen-Seiten« nennt. Ich nutze sie in der intuitiven Version, um dich mit einem weiteren Veränderungstool auszustatten. Am Morgen ist dein Geist am aufnahmefähigsten, und daher ist das die beste Zeit für das Ego, um dich fertigzumachen. Statt den Tag mit chaotischen Gedanken zu beginnen, kannst du losklettern, sobald der Wecker klingelt. Klettere mit intuitivem Schreiben. Leg dir Notizblock und Stift neben das Bett und schreibe zehn Minuten lang. Lass alle negativen Gedanken los. Wenn du dich befreit fühlst, greif während des Schreibens nach immer höheren Gedanken.

Jeder Tag ist eine neue Chance, um zu einem besseren Leben zu klettern. Mach dir keine Gedanken über gestern oder das, was morgen passiert. Konzentriere dich nur auf den Anstieg vor dir und klettere zum Gipfel.

Ich hoffe, du hast während deiner intuitiven Reise schon einige kraftvolle Veränderungen erfahren. Weißt du was? Das ist erst der Anfang! Leg dich auf deine Yogamatte! Wir machen ein paar Stretching-Übungen, denn in der nächsten Gleichung streckst du dich sogar noch weiter.

KAPITEL 7

Stretching: Über den Angriff des Egos hinaus

Du, der du beginnst aufzuwachen,
bist dir immer noch der Träume bewusst und
hast sie noch nicht vergessen.

EIN KURS IN WUNDERN

Mary saß ganz still im Gruppen-Coaching. Es war ihr anzuse-hen, dass etwas sie beunruhigte. Ihre Energie war niedrig, und sie wirkte nicht bei der Sache. Ich ging herum, um jeden anzusprechen, wobei ich darauf vertraute, dass Mary sich öff-nen würde, wenn ich zu ihr kam. Ich coachte diese Gruppe seit vier Monaten, und sie hatten zahlreiche Wunder erfah-ren. Vor allem Mary war voll und ganz dabei. Wie eine perfek-te Intuitionsschülerin hatte sie immer die richtigen Fragen gestellt, all ihre intuitiven Hausaufgaben gemacht und echte Veränderungen in ihrem Leben erlebt. Dann jedoch ließ das Ego ihre rosarote Wolke zerplatzen. Ich fragte Mary, was los sei. Sie erwiderte: »Ich weiß nicht genau, Gab. Ich habe die intuitive Arbeit als Fulltime-Job betrachtet und wundervolle Ergebnisse erreicht, aber jetzt hat mein Ego mich wie aus dem Nichts wieder heruntergezogen. Ich habe das Gefühl, erneut festzustecken.« Ich sagte Mary, sie solle tief Luft holen. Sie befinde sich in einer völlig normalen Situation, die ich schon unzählige Male erlebt habe.

Mary erlebte das, was ich als »Ego-Angriff« bezeichne. Ego-Angriff ist so etwas, wie während der Reise vom Wagen zu fallen. Die Dunkelheit von Marys Ego konnte im Licht ihrer Intuition nicht überleben. Ihre Hingabe zu ihrer Intuition befreite Mary von der Wut ihres Egos auf andere und auf sich selbst. Schon im *Kurs* heißt es: »Das Ego kann ohne Urteilen nicht überleben (...).« Das war die gute Nachricht. Die schlechte war, dass das Ego aufrüstete, als es Wind von Marys Intuitionskampagne bekam. Der *Kurs* lehrt, dass das Ego »im besten Fall misstrauisch, im schlimmsten jedoch bösartig« ist. Wenn es spürt, dass du zu hoch hinaus kletterst, dann zieht es dich herunter. Während du schläfst, bereitet es sich darauf vor.

Es überraschte mich nicht, dass Mary nicht allein war mit dem Angriff ihres Egos. Als sie von ihrem Kampf berichtete, sagten auch die anderen, wie es ihnen ging. Kelly erzählte, dass bei ihr alles in Ordnung war, bis sie wieder eine Beziehung einging. Danach nutzte ihr Ego ihre romantischen Illusionen aus, um all ihre alten Ängste wieder zum Vorschein zu bringen. Alisa sagte, sie habe sich ihrer Intuition total verpflichtet gefühlt, sogar all ihren Freunden lauthals verkündet, dass sie sich nicht länger klein machen wolle. Doch in der Woche danach schlug ihr Ego zu. Alle alten Ängste von Alisa kehrten zurück. Gedanken wie, »Wie kann ich mich so stark im Leben geben, wo ich doch finanziell auf so unsicheren Füßen stehe und Angst vor Menschen habe? Ich bin eine Heuchlerin.« Auch andere am runden Tisch in der Gruppe berichteten von ihren Erfahrungen mit dem Ego-Angriff. Ich beruhigte sie und sagte ihnen, dass dies völlig normal sei.

Auch ich hatte am Anfang meiner Intuitionspraxis meinen Ego-Angriff erlebt. Als ich mich das erste Mal meiner Intuition hingab, wollte ich alles tun, damit ich mich besser fühlte. Wie Mary war ich die perfekte Intuitionsschülerin und schwebte bald schon auf einer rosaroten Wolke. Aber nach drei Monaten veränderte sich auf einmal alles wieder. Nach und nach schlichen sich wieder negative Gedanken ein. Alte emotionale Muster hoben ihre hässlichen Köpfe. Als das Ego wieder ins Spiel kam, hatte ich auf einmal das Gefühl, all meine harte Arbeit sei umsonst gewesen. Die Angst des Egos dröhnte mir im Ohr und war schwer zu ignorieren.

Ich war so verstört, dass ich mir Hilfe von außen suchen musste. Also rief ich Erica an, meine Mentorin. Sie lachte, als ich ihr sagte, was passiert war. »Ich habe diesen Anruf erwartet«, sagte sie. »Wenn alles zu gut läuft, dann hören wir auf, uns wirklich zu bemühen. Und dann kommt das Ego durch die Hintertür wieder herein. Am besten arbeitest du umso härter, je besser alles wird. Denk daran, es funktioniert nur, wenn du daran arbeitest.« Außerdem brachte Erica mir bei, dass das Leben einfach schwieriger zu steuern war, wenn ich in meinen Bemühungen nachließe. Oh Mann, wie recht sie hatte! Immer wenn ich einen neuen Freund hatte und mich nicht mehr um meine Intuition kümmerte, vergötterte ich ihn am Ende, und das Resultat war das Scheitern der Beziehung. Danach machte ich mich immer wieder sofort an meine intuitive Arbeit. Das galt für alles, was ich über meine Intuition stellte. Wenn ich mit meiner täglichen Intuitionsroutine aufhörte, schlich sich sofort wieder das Ego ein. »Schleichen« ist hier das Schlüsselwort. Das hinterhältige Ego findet immer irgendwelche Hintertürchen, um das Licht deiner Intuition zu leugnen.

In diesem Kapitel kläre ich dich über die gerissensten Tricks auf, mit denen sich das Ego wieder einschleicht. Dann erkläre ich dir, wie du das mit deinen Intuitionsübungen in den Griff bekommst. Die perfekte Intuitionsaktivität, um über den Angriff des Egos hinauszukommen ist Stretching. Und schließlich arbeiten wir die Stretching-Gleichung durch, die Licht in die Trickkiste des Egos bringt und deine Gedanken wieder zur Liebe zurückbefördert.

Die Trickkiste des hinterhältigen Egos

Dein Ego war so viele Jahre bei dir, dass es letztendlich die einzige Stimme ist, die du hörst. Das Ego stopft dich in eine Kiste, in der du dich in all deiner Angst und Kleinheit sicher fühlst. Wann immer du die Kiste verlässt und Licht in die Dunkelheit bringst, flippt das Ego aus und verstärkt sein Spiel. Mittlerweile hast du das Licht deiner eigenen Intuition gerufen, und wie erwartet tut das Ego alles in seiner Macht Stehende, um dieses Licht zu löschen. Denk daran, die Dunkelheit des Egos kann im Licht deiner Intuition nicht überleben. Während nun das Licht langsam heller wird, dreht das Ego durch und zieht alle Register, um es zu löschen.

Trick eins: Das alte Angstgeplapper wieder auskramen
Angstgeplapper ist eine der Lieblingsreaktionen des Egos auf das Licht. Wenn deine Intuitionsarbeit stark wird, kramt das Ego alle alten Ängste aus der Vergangenheit aus, um das Licht zu löschen. Das Ego klammert sich an die Ängste der Menschen, an Geld, Liebesgeschichten, Selbstbilder, Alleinsein, einfach an alles Mögliche. Es quält dich mit Warnungen wie »Dieses Glück kann unmöglich anhalten.« »Du suchst dir besser einen Job und versuchst es erst gar nicht als freie Unternehmerin.« »Bleib besser bei dem Typ, auch wenn er dir wehtut. Wer weiß, ob du jemand anderen findest.«

Trick Nummer zwei: Schuld
Wenn du dich mit dem Angriff des Egos identifizierst, so bekommst du unweigerlich Schuldgefühle. Du erfährst diese Schuld, weil du deiner Intuition den Rücken zugewandt und dich für den angstvollen Angriff des Egos entschieden hast. Wissentlich oder unwissentlich fühlst du dich, als ob du ein Verbrechen gegenüber deiner Intuition begangen hättest, indem du ihr den Rücken gekehrt hast. Unbewusst werden die-

se hässlichen Gedanken in hässlichen Gefühlen und Annahmen über dich selbst widergespiegelt. Das überbordende Gefühl der Wertlosigkeit bringt dich in einen Selbstsabotage-Modus. Das Ego wird dir einreden, dass du die Verbindung zum Licht ganz verloren hast, nur weil du deine Intuition eine Sekunde lang aus den Augen gelassen hast. Die Reise sei vorbei, wird es sagen, und nun könntest du dich nur wieder der Dunkelheit des Egos ergeben. Deine negativen Gedanken nehmen zu, und du wirst wieder heruntergezogen.

Jennifers Ego zum Beispiel sagte ihr, jetzt könne sie auch eine ganze Pizza essen, nur weil sie ein paar Tage lang ihre Diät nicht eingehalten hatte. Ihr Ego sagte: »Nun, du hast versagt. Deine Diät ist vorbei, jetzt kannst du dich auch wieder gehen lassen!« Ihr Schuldgefühl brachte sie dazu, sich selbst zu sabotieren. Dabei ging es in ihrem Schuldgefühl eigentlich nicht um ihre Diät. Sie fühlte sich unbewusst schuldig, weil sie die friedliche Stimme ihrer Intuition geleugnet hatte. Ihr Ego klammerte sich an das kleinste Stolpern und machte aus der Maus einen Elefanten, sodass sie sich immer weiter von ihrer Intuition entfernte. Und je weiter sie sich davon entfernte, desto schuldiger fühlte sie sich.

Trick drei: Leugnung

Bist du dann schließlich allein mit deiner Angst und der Schuld, dann wendest du dich erneut hilfesuchend an das Ego. Das Ego redet dir ein, du könntest von dieser Schuld »gerettet« werden, indem du sie einfach leugnest. Damit das Ego überleben kann, muss es dir einreden, dass deine Intuition nicht real ist und dass du keine Schuldgefühle zu haben brauchst, wenn du sie hinter dir lässt. (Denk daran, du fühlst dich schuldig, weil du dein Ego statt deiner Intuition gewählt hast.) Wenn du dich mit dieser Schuld beschäftigst, wirst du wieder zu deiner Intuition zurückkehren. Deshalb wird das Ego versuchen, diese Schuld mit rationalen Gründen zu erklären. In Jennifers Fall erklärte das Ego Jennifer, warum sie sich nicht mehr an ihre Diät zu halten brauchte und wieder in ihre alten Gewohnheiten zurückfallen könne. Im Grunde erzählt das Ego dir nur einen Haufen rationaler Lügen, um dich vom Licht fernzuhalten.

Trick vier: Angriff
Und schließlich, nachdem das Ego dir eingeredet hat, dass du dein Schuldgefühl wegen der Trennung von deiner Intuition leugnen sollst, geht es mit seinen Tricks noch einen Schritt weiter. Es nimmt deine Schuld und projiziert sie auf andere. Das ist ein billiger Trick, denn anstatt nach innen zu blicken, um sich Erleichterung zu verschaffen, wälzt das Ego deine Schuld auf andere ab. Das Ego denkt, wenn wir unsere Schuld auf andere projizieren, befreien wir uns auf »magische« Weise davon. Dabei nehmen wir eine Angriffshaltung ein. Das Ego greift andere an, um dein Glück zu sabotieren. Diese Angriffe verschleiert das Ego als Schutz. Dabei sind diese Angriffe nur Projektionen deiner eigenen Ängste, die in die Welt projiziert werden, um dich im Dunkeln zu lassen. In Jennifers Fall führten ihre Schuldgefühle wegen der Pizza dazu, dass sie ihre Schuld leugnete, indem sie sie auf ihre Freundin projizierte, die sich supergesund ernährt. Ihr Ego sagte: »Sie ist eine verrückte Veganerin, die nie auch nur ein bisschen Spaß hat. Ich lade sie heute Abend nicht zum Essen ein.«

Außerdem greift das Ego auch *dich* an. Das Ego nimmt dich als nicht liebevoll und unversöhnlich wahr. Und wenn du liebevolle Gedanken in dein Leben bringst, wird es »misstrauisch und bösartig« und greift an. Dieser Angriff ist unterlegt mit Gedanken wie: »Du kannst deine Mutter nicht lieben, sie hat dein Leben total ruiniert.« Du hast das Gefühl, es sei falsch, Liebe zu wählen, weil das nicht die Wahrnehmung des Egos ist. Das Ego greift alles und jeden an, um das Licht zu vermeiden.

Zusammenfassung der Tricks

Lass mich das alles noch mal zusammenfassen. Deine Arbeit in den letzten sechs Kapiteln hat in die Dunkelheit des Egos geleuchtet. Weil du dich entschieden hast, mit deiner Intuition statt mit deinem Ego zu denken, wurde das Leben besser. Dann ist das Ego – wie vorauszusehen war – ausgeflippt, weil es weiß, dass es im Licht deiner Intuition nicht überleben kann. Es fing wieder an, hässliches Angstgeplapper von sich zu geben. Das Angstgeplapper gibt dir ein komisches Gefühl und hat wahrscheinlich dazu geführt, dass du dich in gewisser Weise wieder vom Ego hast leiten lassen. Daraufhin hast du dich aber noch komischer gefühlt, weil du wusstest, dass du deine Intuition zugunsten deines Egos weggeschoben hast. Das Ego weiß natürlich, dass das Schuldgefühl, das du deswegen empfindest, dich wieder zurück zum Licht führt. Deshalb sorgt es dafür, dass du dieses Gefühl der Trennung von deiner Intuition leugnest, indem du »magisch« deine negativen Gefühle auf andere projizierst. Du gehst sogar noch einen Schritt weiter und belegst andere mit deinen Ängsten, statt sie von deiner Intuition aus dem Weg räumen zu lassen. Das Ego bringt dich dazu, andere mit deinen eigenen Ängsten anzugreifen, damit es dich klein und ängstlich halten kann. Durch den Angriff wird weiter verhindert, dass deine Intuition mit der Angst aufräumen kann. Dann hat dich das Ego schon längst wieder in sein dunkles Loch gezogen und die Taschenlampe ausgeschaltet, mit der deine Intuition dir den Weg hinaus geleuchtet hätte.

Die Intuition auf Hochtouren bringen

Jetzt, wo du die Tricks des Egos kennst, verstehst du sicher besser, warum es so wichtig ist, die Intuition auf Hochtouren zu bringen. Du musst dich über die Angst des Egos hinausstrecken und *noch mehr* Licht willkommen heißen. Natürlich bist du mit Freunden, Arbeit usw. sehr beschäftigt, aber du darfst nicht vergessen, dass das Ego im Licht nicht überleben kann, und wenn du dich täglich deiner Intuition verschreibst, wird das Leben viel einfacher und besser im Flow sein.

Auch ich höre nie auf, meine Intuition zu trainieren. Nur weil ich sie als Wissenschaft betreibe, heißt das noch lange nicht, dass meine Arbeit beendet ist. Wenn ich heute aufhören würde, mich mit meiner Intuition zu verbinden, würde ich mich garantiert sehr schuldig fühlen, und alles würde ziemlich schnell ganz schön mies werden. Die Tage, an denen ich meine Arbeit, meine Beziehungen, mein Geld, und was sonst noch alles über meine Intuition gestellt habe, sind Tage, an denen das Leben einfach nicht im Flow ist. Weil ich alle Intuitionsgleichungen durchprobiert habe, wende ich sie jetzt abwechselnd an. Manchmal mische ich die Gleichungen täglich, manchmal mache ich aber auch mit einer die gesamte dreißigtägige Reise, um einen spezifischen Bereich in meinem Leben zu ändern.

Letzten Monat zum Beispiel habe ich dreißig Tage mit der Gefühlsgleichung verbracht. Ich hatte etwas Neues entdeckt, das ich noch nicht ausprobiert hatte, also habe ich beschlossen, dreißig Tage lang zu fühlen. Zu anderen Zeiten verbringe ich vielleicht dreißig Tage mit der Vergebungsgleichung, wenn es eine Person oder Situation gibt, die losgelassen werden muss. Meistens jedoch wähle ich eine Gleichung, je nachdem was ansteht. Mein typischer Tag sieht so aus: Ich beginne mit einer zwanzigminütigen Meditation, gefolgt von einer Stunde körperlicher Betätigung (Laufen, Tanzen, Rollerblading, Trampolinspringen, alles, was es so gibt). Um acht Uhr sitze ich an meinem Schreibtisch. Über den Tag hinweg übe ich das »V«-Wort, indem ich jedem vergebe, den ich sehe. Ich vergebe der Dame, die mich auf der Straße anrempelt, ich vergebe dem Bankangestellten, der mich nicht anlächelt, ich vergebe meiner Freundin, die mich nicht zurückruft. Und ich vergebe mir den ganzen Tag lang für jede Verhaltensweise, die meiner Intuition nicht standhält.

Zusätzlich überprüfe ich alle paar Augenblicke meine Gedanken. Wenn ein blödes Gefühl aufkommt, setze ich mich neunzig Sekunden lang hin und checke mit meiner Intuition, was in mir los ist. Ich bin neugierig auf das Gefühl und versuche nicht, es zu verdrängen. Wenn ich Erleichterung verspüre, beginne ich zu klettern. Ich benutze die drei Es, um aus meinen blöden Gedanken herauszuklettern, oder ich setze mich hin und meditiere wieder. Abends mache ich es mir mit einem Buch gemütlich. Dann spreche ich ein paar Gebete und danke dem Universum, weil es mich einen weiteren Tag umhüllt hat. Ich schreibe zwanzig Minuten lang intuitiv, und dann schlafe ich. Oft wache ich zwischen drei und vier Uhr morgens auf. Dann nutze ich meine klaren Gedanken und setze mich im Bett auf, um zu meditieren. Um diese Uhrzeit passiert etwas Magisches mit mir. Wunderschöne Gedanken fließen durch mich hindurch. Danach schreibe ich noch ein bisschen. In den ganz frühen Morgenstunden kommen mir oft die besten neuen Ideen.

 Dehn dich!

Ich erwarte nicht, dass jeder sich der Intuitionsarbeit sofort so hingibt wie ich. Aber ich schlage vor, dass du dieses Mal deine Arbeit noch ein bisschen mehr ausdehnst. Um dir dabei zu helfen, habe ich die Stretching-Gleichung entworfen. Ich habe beschlossen, sie so zu nennen, weil du beim Stretchen auch deine Muskeln dehnst. Wenn du dich dehnst, hast du körperlich so ein Gefühl wie »Oh, das tut zwar ein bisschen weh, aber so gut!« Danach sind die Körperteile, die du gedehnt hast, belebt und prickeln, weil sie besser durchblutet sind und Sauerstoff bekommen haben. Wenn du deine Intuitionsübungen genauso wie beim Stretching dehnst, dann dehnst du im Grunde genommen deine Gedanken am Schmerz und Unbehagen vorbei. Jedes Mal, wenn du am Ego vorbei dehnst, schaffst du ein neues Muster in deinem Gehirn, das sagt: Intuition ist gut, und Ego ist nicht gut. Je öfter du in die Richtung deiner Intuition dehnst, desto weiter entfernst du dich von deinem Ego.

Das Dehnen

Bevor du mit der Dehnungsgleichung beginnst, solltest du überprüfen, wo das Ego dir schmutzige Tricks gespielt hat. Das hilft dir, genauer zu erkennen, wie das Ego deinem Licht widerstanden hat. Danach kannst du mit einer Reihe von Umdenk-Aufgaben beginnen, um die Tricks des Egos in Wunder zu verwandeln. Im Bewegungsteil findest du Anekdoten und Interviews mit den hipsten Yogis im Land. Sie teilen ihre persönlichen Erfahrungen mit dir, wie ihre Dehnungsübungen sie über die Illusion des Egos hinaus und ins Licht gebracht haben. Im Abschnitt über Empfangen beginnst du mit deinem mentalen Stretching. In der Meditation gibst du dich dem Licht noch mehr hin. Ich habe ein neues Mantra hinzugefügt, damit du in stärkerem Maße Liebe statt Angst und Licht statt Dunkelheit wählst. Den Teil des Empfangens beschließt du mit dem intuitiven Schreiben. Du erfährst, wie verpflichtet du deiner Intuition bist und wie groß deine Bereitschaft war, dich über den Angriff des Egos hinaus zu dehnen.

Du solltest dich über deine einschränkenden Glaubenssätze hinaus strecken und dich erneut für dreißig Tage dem intuitiven Prozess hingeben. Während der Arbeit an deiner Intuition hast du sicher schon viele wunderbare Momente erlebt. Jetzt jedoch ist es an der Zeit, über die Brücke von deinem alten Leben zu einem neuen, von der Intuition geführten Leben zu gehen. Vertraue darauf, dass die Intuition dir den Weg erhellt. Dehn dich und lass dich führen.

Bevor du mit der Dehnungsgleichung beginnst, schau dir an, wo das Ego dir schmutzige Tricks gespielt hat. Das Ziel dieses Schrittes ist es, genau hinzusehen, wie das Ego deinem Licht widerstanden hat. *Ist deine rosarote Wolke zerplatzt? Fühlst du, wie dein Ego versucht, sich wieder einzuschleichen? Hast du bemerkt, wie deine positiven Gedanken sich wieder in alte Ideen verwandeln? Hast du begonnen, Leute anzugreifen, denen du bereits vergeben hast? Fühlst du dich schuldig?*

Die Dehnungsgleichung

Dreißig Tage, um dich über den Angriff des Egos hinaus zu dehnen

Schritt eins: Umdenken
Beginne, indem du eine Liste der Situationen machst, in denen das Ego die Oberhand gewonnen hat, in romantischen Beziehungen vielleicht, in deinem Job, wenn du Zeit mit der Familie verbracht hast, usw. Sei möglichst genau. Welche neuen blöden Geschichten erzählt das Ego dir? Überleg dir, wo das Ego Ängste bei dir weckt.

Schalte deinen Lichtschalter ein
Von Karen Salmonsohn stammt der Vorschlag, dass ich die Lichtschalter in meiner Wohnung als Erinnerung benutzen soll, um mein inneres Licht einzuschalten. Mir gefiel diese Idee, und ich habe alle meine Lichtschalter mit Zetteln versehen, um daran zu denken, dass ich mein *inneres Licht* einschalten muss.

Beklebe deine Lichtschalter. Schreib darauf: »*Ich wähle Intuition statt Ego.*« Oder: »*Ich schalte mein Licht ein.*« Wenn du das Licht einschaltest, frage dich: »*Wie habe ich mich heute mit meiner Intuition verbunden? Hat mein Ego sich vorgedrängelt?*« Nutze diese simple Aktion, um täglich dein *inneres Licht* zu aktivieren.

Die folgenden Übungen helfen dir, dich über dein Ego hinaus zu dehnen. Schalte deinen Lichtschalter ein, indem du aktiv die folgenden Umdenkschritte praktizierst. Lass dich von diesen Tools sanft erinnern, dass du nicht dein Ego bist.

Lachen

Das ist ein Tool, das direkt aus dem *Kurs* stammt. Es sagt, dass wir die Illusionen des Egos nicht zu ernst nehmen sollen. Wenn wir dem Ego zuhören, machen wir es im Geiste real. Der *Kurs* schlägt vor, dass wir über die »winzige Wahnidee« des Egos leise lachen sollen. Nimm dein Gummiband und lass es zurückschnappen, damit du daran denkst, über den illusorischen Blödsinn des Egos zu lachen. Dieser Schritt wird dich im Prozess, das Ego aufzuhalten, weiterbringen.

Oute das Ego

Wenn das Ego dich wahnsinnig macht mit angsterfüllten Illusionen über eine andere Person, dann kann es manchmal lustig sein, die albernen Lügen an die Oberfläche zu holen. Ich habe mir einmal eine ganze Geschichte ausgedacht, dass mein Freund mich betrügt. Stundenlang habe ich diese frei erfundene Geschichte durchgespielt. Ich habe versucht, um Wunder zu bitten, habe darüber gelacht und meditiert. Schließlich habe ich mich von meinem Meditationskissen erhoben, habe ihn angerufen und mein Ego geoutet. Ich habe ihm meine lächerliche Geschichte erzählt, und wir haben gemeinsam darüber gelacht. Bring dein Licht *hinaus* in die Dunkelheit.

Hör auf, in die Zukunft sehen zu wollen

Zukünftige Illusionen stammen vom Ego. Wenn du beginnst, dir über die Zukunft Gedanken zu machen, gerätst du letztlich in eine Falle. Es ist superleicht für das Ego, Angst zu finden, wenn es um die Zukunft geht. Denk daran, dass alle zukünftigen Projektionen Situationen sind, die nicht existieren. Wenn du dich dabei ertappst, wie du dir Sorgen über die Zukunft machst, hol tief Luft und sage laut: *»Ich bin genau da, wo ich sein muss.«*

Lächeln

Wenn dein Ego dich im Schwitzkasten hat, dann gib ein lautes IIIIIH von dir. Das klingt jetzt total albern, aber bei diesem Geräusch musst du unwillkürlich lächeln. Lächeln führt zu Lachen, und Lachen wirft Licht auf das Ego. Mach es dir leicht und lächele.

➤ Bitte um ein Wunder. Wenn du aufhörst zu lachen, lass dein Ego noch weiter los, indem du deine Intuition um Hilfe bittest. Sag einfach laut: *»Ich entscheide mich, das anders zu sehen. Ich bitte das Universum, mich zu einer Veränderung in der Wahrnehmung zu führen.«*

➤ Vergib wieder: Da das Ego andere gerne angreift, wenn es sich bedroht fühlt, ist es gut, wenn du dicht an deiner Vergebungspraxis bleibst. Überprüfe jeden Tag, wen dein Ego verurteilt (einschließlich dich selbst). Geh abends die Liste derer durch, die du angegriffen hast, und lass diese Gedanken und Taten mit einem Vergebungsgebet los. Sag einfach laut: *»Ich vergebe dieser Person, weil ich weiß, dass mein Angriff nur eine Projektion meines Egos war.«* Um dich vor dem Angriffsstrick des Egos weiter zu schützen, achte darauf, dass du den ganzen Tag über dir und anderen vergibst.

Dienen

Einer der besten Wege, um aus der Dunkelheit zurück ins Licht zu treten, ist Dienen. Wenn du anderen hilfst, kommst du sofort weg von der raffinierten Angstspirale des Egos. Indem du anderen durch deine Hilfe Liebe entgegenbringst, dehnst du das Licht in dir aus. Zu dienen kann aus so einfachen Aktionen bestehen wie zum Telefon zu greifen, um sich nach einer Freundin zu erkundigen, oder einer älteren Person über die Straße zu helfen. Wenn du eine Frau bist, kannst du jederzeit auf meine Website www.herfuture.com gehen, wenn du einer anderen Frau helfen willst. Du findest Tausende von Frauen auf dieser Seite, die einander täglich helfen. Sie geben mir Feedback, dass sie sich immer besser fühlen, wenn sie einer anderen Frau auf irgendeine Weise geholfen haben, ob mit netten Worten, einem Zitat oder einfach einer Antwort auf der Pinnwand. Lass dein Licht auf andere leuchten und entzünde so das Licht in dir.

Ein intuitives Mantra

Begegne den raffinierten Ego-Geschichten sofort, indem du das Mantra rezitierst: »Ich dehne mich über die Tricks meines Egos hinaus und wähle Liebe statt Angst.« Rezitiere dieses Mantra den ganzen Tag über. Im nächsten Schritt verbindest du es mit deiner Stretching-Übung.

Schritt zwei: Umdenken + Bewegen

Jetzt nimm dein neues Mantra und beginne mit dem Stretching. Vielleicht gehst du mit diesem Mantra in einen Yoga- oder Pilates-Kurs, vielleicht gehst du auch in den Park und machst ein paar leichte Dehnübungen. Benutze deinen Körper, um deine Gedanken zu verstärken und dehne dich über deine einschränkenden Annahmen hinaus. Das Stretching mit deiner Affirmation ist besonders kraftvoll, weil du damit dem Universum erklärst, dass du bereit bist, dich auszudehnen. Erlaube deiner Affirmation, dich zu Stretching-Übungen zu führen, die über alles emotionale und körperliche Unbehagen hinausgehen.

Um eingehender zu erklären, wie sich die körperliche Stretching-Übung auf dein mentales Dehnen auswirkt, habe ich mit Latham Thomas gesprochen, Gründerin von Tender Shoots Wellness. Latham sagt: »Wenn wir uns auf der Matte dehnen und dabei auf alle Teile unseres physischen Seins zurückgreifen, dehnen wir auch unser Bewusstsein und weiten unsere Gedanken und letztlich unser Herz. Deshalb ist Yoga für viele Menschen so effektiv, weil es dich physisch bis an deine Grenzen dehnt und so die Hindernisse für das Wachstum entfernt.« Ein anderer Power Yogi ist mein Freund Rolf Gates. Für Rolf ist Yoga eine Möglichkeit, um in alle Bereiche unseres Lebens vorzudringen. Rolf sagt: »Das Gegenteil vom Rückzug in die Angst ist der vertrauensvolle Schritt nach vorne.«

Schritt drei:
Empfangen (Meditieren/intuitives Schreiben)
Die Dehnungsmeditation sollte sofort nach einer körperlichen Stretching-Übung stattfinden. Dehn deinen Geist zehn Minuten lang mit der Affirmation: *Ich dehne mich über mein Ego hinaus. Ich wähle Liebe statt Angst, ich wähle Liebe.* Und beim Ausatmen: *Ich lasse meine Angst los.*

Intuitives Schreiben
Beginne sofort nach der Meditation mit dem intuitiven Schreiben. Dehne dein intuitives Schreiben noch zusätzlich fünf Minuten lang aus. Schreib einfach auf, was du in diesem speziellen Moment fühlst. Schreibe so lange wie möglich und erlaube deinen ich-gesteuerten Gedanken, sich in Liebe zu verwandeln.

Ich hoffe, du empfindest ein Gefühl der Erleichterung,

jetzt, wo du weißt, dass du einen Ego-Angriff immer wieder sofort an deine Intuition weiterleiten kannst. Jeder Moment ist ein unbeschriebenes Blatt und eine Gelegenheit, Angst loszulassen und sich zur Liebe auszudehnen. Denk daran: »Es funktioniert, wenn du daran arbeitest!«

Jetzt hast du einige wirksame Intuitions-Tools an der Hand und kannst damit auftrumpfen. Geh in eine Telefonzelle, wirf dir einen Umhang über und bereite dich auf eine Quantenverschiebung vor.

KAPITEL 8

Quantenverschiebung: Die Telefonzellen-Momente des Lebens

Du wirst dich in dem Augenblick an alles erinnern,
in dem du ganz und gar danach verlangst.

EIN KURS IN WUNDERN

Die Leute sagen immer, Veränderungen brauchen Zeit. Und tatsächlich muss man an den meisten Veränderungen täglich arbeiten, aber es gibt auch Fälle, in denen große Lebensveränderungen über Nacht eintreten. Diese plötzlichen Veränderungen geschehen denjenigen, die wirklich offen dafür sind. Diese Zeitpunkte werden »Quantenmomente« genannt. Das Ergebnis eines Quantenmoments ist eine Quantenverschiebung, eine Veränderung deiner Wahrnehmung dessen, wer du bist und was du kannst. Quantenmomente sind eigentlich Gelegenheiten, dich neu zu erfinden. Stell sie dir vor wie die Telefonzellenmomente des Lebens. In einem Quantenmoment vollzog der schwächliche Clark Kent in der nächstgelegenen Telefonzelle seine Blitzverwandlung und wurde zum fliegenden Superhelden *mit einem Umhang!*

Doch in der Welt um dich herum braucht in diesen Momenten gar nichts Besonderes zu passieren, denn die Verschiebung findet in deinem Inneren statt. Zum Beispiel könnte jemand, der sein Leben immer als hektisch empfunden hat, auf einmal beschließen, entspannter zu leben. Und dadurch, dass er diese Entscheidung trifft, vollzieht sich die Veränderung, und der Mensch steht dem Leben mit einer neuen Haltung gegenüber. Oder es könnte jemand an einer bösen Sucht leiden, eines Morgens aufwachen, beschließen, dass es mit der Sucht vorbei ist, und von da an nie wieder eine Droge oder einen Tropfen Alkohol anrühren. Allgemeiner ausgedrückt, bei Quantenverschiebungen geht es darum, dass du entscheidest, wer du sein willst, und es dann umsetzt. Ich habe oft erlebt, dass jemand völlig festgefahren war und in einem Quantenmoment die Wahrnehmung seiner selbst komplett geändert hat. Von diesem Moment an tritt die Veränderung in Kraft. Dadurch, dass du die Quantenverschiebung in deiner Wahrnehmung von dir selbst vornimmst, beginnst du die Schritte einzuleiten, die nötig sind, damit du zu dieser Person wirst. Es stimmt nämlich wirklich, dass du so sein kannst, wie du willst, wenn du darauf vertraust, dass du es erreichen kannst. Die Quantenverschiebung erfordert geistige Offenheit und den tiefen Wunsch, die Ketten der Vergangenheit abzuwerfen. Wenn du die Vergangenheit hinter dir lässt und eine neue Wahrnehmung deiner Gegenwart akzeptierst – und wichtiger noch, eine neue Wahrnehmung deiner selbst –, dann wirst du merken, dass die Veränderung sofort eintritt (der Umhang ist optional).

Gerade jetzt fragst du dich wahrscheinlich, was du tun musst, damit dieser Quantenmoment eintritt. Wie immer lautet die Antwort *Intuition*! Genau. Es gibt eine Intuitionsgleichung, die dir dabei hilft, deinen eigenen Quantenmoment zu erleben. Aber bevor ich dich durch diese spezielle Gleichung führe, will ich dir erst einmal vermitteln, warum Quantenmomente so stark machen. Danach schauen wir uns ein paar Leute an, die von ihren eigenen Quantenverschiebungen profitiert haben. Schließlich führe ich dich durch die Quantenverschiebungsgleichung, die dir dabei hilft, die Quantenmomente in deinem Leben zu erfassen, damit du die Person werden kannst, die du sein willst.

Superyou!

Ich habe in meinem Leben einige Quantenmomente erfahren. Der erste fand drei Monate nach meiner Graduierung vom College statt. Ich verließ die Schule mit einem Bachelor of Fine Arts in Theaterwissenschaft, ohne dass ich den Wunsch gehabt hätte, Schauspielerin zu werden. Ich war wie gelähmt vor Angst vor der Zukunft. Mein Ego quälte mich mit Gedanken wie: »Du bist nicht klug genug, um einen Job zu finden. Dein Theaterabschluss nützt dir überhaupt nichts.« Diese Gedanken beherrschten mich noch Monate nach der Graduierung. Ich war zwar voller Angst, hatte aber trotzdem noch genug Energie, um mit dem Arbeiten anzufangen. Um meine Rechnungen bezahlen zu können, nahm ich ein paar ungewöhnliche Jobs an. Ich machte Werbung für Partys in Nightclubs, kümmerte mich um Vertrieb und Werbeveranstaltungen für ein Energy-Drink-Unternehmen und plante Partys für eine ortsansässige Partnervermittlung. Ich war gar nicht mal schlecht darin, mit den unterschiedlichen Einnahmequellen zu jonglieren. Trotzdem befand ich mich in einem endlosen Kampf mit meinem Ego über meine eigentliche Rolle in der Berufswelt. Immer wenn mich jemand fragte, womit ich mein Geld verdiente, kam ich mir unzulänglich vor. Obwohl ich finanziell gut über die Runden kam, fühlte ich mich immer minderwertiger als andere um mich herum.

Nach drei Monaten beschloss ich, dass ich es leid war, mir so beschissen vorzukommen. Mit geistiger Offenheit und dem starken Wunsch zur Veränderung erlebte ich meinen ersten Quantenmoment. Ich kann mich noch so gut daran erinnern, als ob es gestern gewesen ist. Wie an jedem anderen Morgen wachte ich auf, ging gleich ins Internet und loggte mich ein, um nach meinen E-Mails zu sehen. In meinem Posteingang war die E-Mail von einem Mädchen, das ich erst am Abend zuvor kennengelernt hatte. In der Betreff-Zeile stand: »Du bist die beste Gastgeberin!« Ich hatte die Party zur Eröffnung eines neuen Nightclubs in Downtown Manhattan geschmissen. In der Koordination solcher Events war ich echt gut, und ich konnte den Leuten das Gefühl geben, dass es toll war, auf dieser Party zu sein. Das Mädchen schwärmte jedenfalls in der E-Mail davon, wie toll meine Party gewesen sei und was für eine wundervolle Gastgeberin ich sei.

Das Mädchen schloss mit dem Satz, sie hoffte, mein »Unternehmen« würde sie auf die Mailing-Liste setzen, damit sie auch zukünftig zu solchen Events eingeladen würde. »Hmm ... Unternehmen«, dachte ich. »Das hört sich gut an!« In diesem Moment sagte meine *innere Stimme* zu mir: »Natürlich kannst du dein eigenes Unternehmen haben! Du bist großartig darin, Partys zu planen und Räume zu promoten. Du bist eine Unternehmerin! Mach doch eine Event-Agentur auf!« Ich wusste, dass ich etwas Gutem auf der Spur war. Das war mein erster Quantenmoment.

Von diesem Augenblick an war ich nicht mehr dieselbe. Ich veränderte mich völlig, innerlich wie äußerlich. Die Quantenverschiebung bestand darin, dass ich von totaler Unsicherheit über meine Arbeit zu einer tiefen inneren Überzeugung gelangte, eine erfolgreiche Unternehmerin zu sein. Ich nahm mich auf einmal völlig anders wahr. Und bald taten das auch alle um mich herum. Meine Familie und Freunde hörten auf, mich zu fragen, wann ich denn endlich einen Job hätte. Das Spiegelbild war ganz anders geworden. Statt mich selbst als wertlos von der Welt widergespiegelt zu sehen, war ich selbstbewusst und kraftvoll geworden.

Nach zwei Monaten fand ich eine Geschäftspartnerin und gründete mein erstes Unternehmen. Damals war ich einundzwanzig. Seitdem war ich immer selbständig. Und dazu hatte ich nur den Wunsch gebraucht, die Wahrnehmung von mir selbst zu ändern, und die Bereitschaft, meiner Intuition zu folgen. Wenn ich heute Interviews gebe, fragen mich viele

Leute: »Hattest du Angst, dein eigenes Business aufzuziehen?« Ich antworte immer: »Ich hatte mehr Angst, es *nicht* zu tun.« Am großartigsten an der Möglichkeit eines Quantenmoments ist, dass er den Gedanken bestätigt, dass wir unser Schicksal tatsächlich selbst in der Hand haben. Wenn du die Gelegenheit ergreifst, die der Quantenmoment dir liefert, bekommst du deine eigene Supermacht – die Macht, den Lauf deines Lebens zu ändern. Im Bruchteil einer Sekunde kannst du deinem Leben eine ganz andere Richtung geben, indem du einfach die Entscheidung triffst, dich mit Herz und Seele zu verändern. Denk daran, nicht alle Veränderungen können so mühelos erreicht werden. Aber dies ist eine besondere Veränderung – die Quantenverschiebung unserer Wahrnehmung von uns selbst, die nur von deiner Bereitschaft zur Veränderung abhängt –, dein Wunsch, die Person zu werden, die du werden willst.

Um dich weiter zu inspirieren, die Möglichkeit einer Quantenverschiebung in deinem eigenen Leben in Betracht zu ziehen, erwähne ich hier fünf Personen, die widrige Umstände überwunden und sie in etwas Großes verwandelt haben. Es mag ja reine Spekulation von mir sein, aber ich glaube, diese Leute haben ihre eigenen Quantenmomente erlebt, als sie beschlossen, die Quantenverschiebung vorzunehmen, die sie zum Erfolg führte. Ich beginne mit Beethoven. Bevor Beethoven einer der größten Komponisten der Welt wurde, galt er bei seinen Lehrern als hoffnungslos. Ganz zu schweigen davon, dass er im mittleren Alter fast taub wurde. An diesem Punkt hatte er zwei Möglichkeiten: entweder aufgeben oder als Komponist weiterzumachen. Zum Glück interessierte ihn nicht, was die Welt von ihm dachte, und er komponierte weiter seine Meisterwerke.

Thomas Edison ist ein weiteres Beispiel. Edison gilt als einer der radikalsten Erfinder in der Geschichte, mit 1093 U.S. Patenten. Als er ein kleiner Junge war, sagte sein Lehrer zu ihm, er sei dumm. Er machte über 9000 Experimente, bevor er erfolgreich die erste Glühbirne schuf. Zum Glück gab auch er nie auf, sonst säßen wir immer noch im Dunkeln! Der nächste ist die Sportikone Michael Jordan. Michael ist der größte Basketballer aller Zeiten. Heute ist er eine Legende, aber bevor er zur NBA kam, war er ein ganz normales Kind, das noch nicht einmal in die Highschool-Basketballmannschaft aufgenommen wurde. Ein weiteres Beispiel ist der legendäre Filmregisseur Steven Spielberg. Seine zahlreichen aufsehenerregenden Filme haben ihn zu einem wahnsinnig einflussreichen und außergewöhnlich erfolgreichen Mann gemacht. Aber er hatte nicht immer Erfolg. Als Kind wurde er wegen seiner Lese- und Rechtschreibstörung gehänselt und in eine Lernbehindertenklasse gesteckt. Er blieb jedoch nur einen Monat lang in dieser Klasse, und dann erlebte er eine Quantenverschiebung und suchte nie wieder in der Außenwelt nach Bestätigung.

Und dann schließlich ist da Albert Einstein, der bedeutendste Wissenschaftler des 20. Jahrhunderts, der 1921 den Nobelpreis für Physik bekam. Als Einstein noch klein war, glaubten seine Eltern, er sei geistig zurückgeblieben. Seine Lehrer waren so besorgt wegen seiner Noten, dass sie angeblich sagten: »Einstein, du bringst es nie zu etwas.« Unfassbar, oder? Diese Personen, die wir als Ikonen des Erfolgs wahrnehmen, standen an gewissen Punkten ihres Lebens an Kreuzungen, und ich bin der Meinung, sie erlebten einen Quantenmoment, in dem sie sich dafür entschieden, sich selbst und ihre Fähigkeiten völlig neu wahrzunehmen.

Wenn du glaubst, nicht das Leben zu führen, das dich so widergibt, wie du gerne sein möchtest, dann solltest du eine Quantenverschiebung ins Auge fassen. Hier ist der Plan. Wie immer führe ich dich durch die Gleichung, in diesem Kapitel die Quantenverschiebungsgleichung. In diesem speziellen Fall wirst du jedoch die meiste Energie in den Umdenk-Abschnitt stecken, damit eine Quantenverschiebung eintreten kann. Danach beginnst du mit einer neuen körperlichen Aktivität. Dadurch übst du ein neues Verhalten ein und beginnst, dich selbst anders wahrzunehmen. Der Schritt des Empfangens wird dich anleiten, dich durch deine Meditation ganz neu wahrzunehmen. Auf die Meditation folgt das intuitive Schreiben, mit dem du deine Geschichte mit einer positiveren Wendung neu erzählst. Und schließlich habe ich diese Gleichung mit einem zusätzlichen Tool versehen: ich fordere dich auf, deine neue Geschichte dreißig Tage lang täglich zu lesen und zu erzählen. Also, öffne deinen Geist und sei bereit zu spüren, wie sich die Erde unter deinen Füßen verschiebt!

Bevor du mit der Gleichung beginnst, stell dir zunächst die folgenden Fragen: *Ein Vogel? Ein Flugzeug? Welche Art von Person willst du sein? Was willst du erreichen? Wie willst du dich wahrnehmen?*

Wenn du identifiziert hast, wer du sein willst, beantworte die nächste Frage: *Unterscheidet sich die Person, die du sein möchtest, sehr von der Person, die du heute bist?*

Wenn das so ist, denk darüber nach, warum die Diskrepanz so groß ist. Wenn du zum Beispiel erfolgreich im Beruf sein willst, dann solltest du dich fragen, ob du immer noch jeden Abend Party machst, sodass du am nächsten Tag mit einem Kater auf der Arbeit erscheinst und nur halbe Leistung bringst. Oder wenn du eine gute Freundin sein willst, lässt du deine Freundinnen sofort fallen, wenn sie einen Freund haben? Oder wenn du umweltbewusst leben willst – was tust du, um das zu erreichen?

Die Quantenverschiebungsgleichung

Dreißig Tage zu einem neuen Du

Schritt eins: Umdenken

Öffne deinen Geist. Sei offen für die Vorstellung, dass Veränderung zu erreichen ist. Das ist das Schlüsselelement in diesem Prozess. Vertraue auf die oben erwähnten Geschichten. Du hast die gleiche Fähigkeit, deine Wahrnehmung von dir selbst zu ändern, wie jeder andere. Befolge diese Schritte:

Schritt 1: Sei aufrichtig

Akzeptierst du eine negative Wahrnehmung von dir selbst?
Wie ist deine gegenwärtige Geschichte? Schreib sie auf.
Wie hast du dich selbst blockiert vor der Person, die du sein willst, und vor den Dingen, die du erreichen willst?
Wie spiegelt die Welt die negativen Wahrnehmungen, die du von dir selbst hast?

Schritt 2: Denke um

Nimm deine Antworten und überprüfe sie noch einmal, um dich der Person anzunähern, die du sein willst. Befolge die Anleitung:

➤ Tool eins: Mach dich frei. Wenn du in einer negativen Wahrnehmung von dir selbst feststeckst, verwandle sie in eine positive. Wenn du zum Beispiel geantwortet hast: *Ich bin unmotiviert, faul und unkonzentriert,* dann verwandle es in: *Ich bin ehrgeizig, hochmotiviert, arbeite hart und konzentriert.*

➤ Tool zwei: Überdenke deine gegenwärtige Geschichte. Verändere sie, um die Geschichte der Person widerzuspiegeln, die du sein möchtest.

➤ Tool drei: Schieb deine Blockaden mit dem Bulldozer beiseite. Wenn du zum Beispiel geantwortet hast: *Ich blockiere mich davor, professionell Musik zu machen, weil ich fürchte, damit nicht genug Geld zu verdienen,* dann schreib es um in: *Ich verfolge meine Musikkarriere aktiv und verdiene damit einen Haufen Geld.*

➤ Tool vier: Dreh um, wie andere auf dich reagieren. Wie soll die Welt dich wahrnehmen? Schreibe noch einmal, wie andere auf dich reagieren. Wenn zum Beispiel deine Eltern deinen Wunsch, professionell Musik zu machen, nicht unterstützen, dann schreibe: *Meine Eltern unterstützen meinen Wunsch, Musik zu machen, voll und ganz. Sie kommen zu jedem meiner Auftritte.*

Schritt 3: Löse dich

Wenn deine Gedanken und Gefühle immer noch erfüllt sind von Angst und Negativität, dann werden die Menschen in deinem Leben das spiegeln. Lass dich nicht von anderen von einem Quantenmoment abhalten. Übe, dich zu lösen. Identifiziere die Menschen in deinem Leben, die dir Angst machen. Vergib ihnen, denn sie sind nur eine Reflexion deiner inneren Glaubenssätze. Dann löse dich. Im *Kurs* heißt es: »Beharrlichkeit bedeutet Investition.«

Wir lernen aus dieser Lektion, dass wir in die Angst anderer Leute investieren, wenn wir darauf beharren, uns daran zu beteiligen. Auch wenn wir ihre Angst mit einer defensiven Haltung angreifen, investieren wir. Wir sollten ihnen einfach nur vergeben und weitergehen. Hör auf, dich an negativen Wahrnehmungen der Welt zu beteiligen, das blockiert nur deine Veränderung.

Schritt zwei: Umdenken + Bewegen

Bei dieser Gleichung fordere ich dich auf, körperlich etwas zu tun, was dich total aus deiner Komfortzone herausholt.

Es könnte etwas so Wildes sein wie Bungee-Jumping, Dra-chenfliegen oder Skydiving, es könnte aber auch so einfach sein wie der Besuch eines Tanzkurses. Wichtig ist nur, dass es etwas ist, was du nie mit dir in Verbindung gebracht hättest. Geh hinaus und erlebe eine Aktivität, die du schon immer mal machen wolltest, vor der du aber zu viel Angst gehabt hast.

Indem du aus deiner Komfortzone heraustrittst, schaffst du eine neue Wahrnehmung deiner selbst. Du wirst stolz auf dich sein. Es wird dich aufbauen, dass du etwas Neues aus-probiert hast, und du kannst anschließend eine coole Ge-schichte erzählen. Und das Wichtigste ist, du wirst begin-nen, dich selbst als jemand zu sehen, der bereit ist, neue Dinge zu tun – jemand, der bereit ist, eine Quantenverschie-bung zu erleben.

Schritt drei:
Empfangen (Meditieren/intuitives Schreiben)

Visionsmeditation

Diese Meditation ist ein wenig anders als die früheren Medi-tationen, durch die ich dich geführt habe. Sie ist der Vision der neuen Lebensart gewidmet. Sieh dich selbst genau das tun, was du wirklich tun willst, und sei so, wie du sein willst. Stell dir vor, dass du dich von negativen Wahrnehmungen befreit hast. Erschaffe eine ganze Bühne um diese Vision her-um. Beobachte, wie die Welt dein Glück und deinen Flow spiegelt. Lade andere Menschen in deine Visualisierung ein. Stell dir vor, dass auch andere mit deiner Wahrheit im Ein-klang sind und deine neue Wahrnehmung von dir selbst per-fekt spiegeln. Erlaube dir, solange in dieser Vision zu bleiben, bis du irgendeine emotionale Reaktion erfährst. Es dauert vielleicht eine Weile, aber es lohnt sich. Vielleicht lächelst du nur. Möglicherweise weinst du auch. Lass einfach deine Emotionen mit der schönen Vision, die du im Geist geschaffen hast, fließen.

Schreib und verändere deine Geschichte

Jetzt hast du Gelegenheit, aufzuschreiben, wie du dich selbst wahrnehmen willst. Schau dir die Geschichte, die du selbst entworfen hast, genau an. Finde heraus, wo und wie du das Ziel sabotiert hast, so zu werden, wie du es möchtest. Höre auf deine Intuition und schreibe zehn Minuten lang deine neue Geschichte. Lass dich von Bildern oder Empfindungen aus deiner Meditation leiten. Erkläre genau, welche Art von Person du werden möchtest, und was du unternehmen musst, um dahin zu gelangen.

Schaffe dein eigenes Statement zur persönlichen Veränderung

Wenn du mit dem intuitiven Schreiben fertig bist, lies noch einmal, was du geschrieben hast. Unterstreich die Sätze, die ein leidenschaftliches Gefühl in dir auslösen. Zieh diese Sätze aus dem Text heraus und fasse sie wie einen Paragraphen zusammen. Idealerweise handelt es sich um zwei oder drei Sätze. Bearbeite diesen Absatz so, dass er sich wie ein persönliches Statement liest. Lies ihn noch einmal durch und überprüfe, was für ein Gefühl er dir vermittelt. Wenn das Statement deine Vorstellung von der Person, die du sein möchtest, widergibt, hast du es richtig verfasst.

Ein Beispiel für so ein persönliches Veränderungs-Statement ist zum Beispiel: *Ich bin professionelle Sängerin. Ich gehe jeden Monat auf Tournee und werde für meine Arbeit sehr gut bezahlt. Meine Gesangskarriere ist mit meinem Privatleben im Einklang.*

Schritt vier: Noch einmal lesen und weitererzählen

Der letzte Schritt in dieser Gleichung ist, den Text noch einmal zu lesen und ihn weiterzuerzählen. In den nächsten dreißig Tagen solltest du jeden Abend dein persönliches Statement lesen. Richte die Schwingungen deiner Emotionen auf die neue Wahrnehmung von dir selbst aus. Erfahre dein neues, verbessertes Selbst jeden Abend und freue dich daran, wie es sich anfühlt.

Erzähl mindestens einmal am Tag von deinem persönlichen Statement. Du kannst die Geschichte auch fremden Menschen so erzählen, als sei sie bereits Wirklichkeit. Das klingt vielleicht so, als ob ich dich zum Lügen auffordern würde, aber das genaue Gegenteil ist der Fall. Ich fordere dich nur auf, so zu agieren, als ob du es bereits erreicht hättest, damit dein Geist mit deinem Statement zur persönlichen Veränderung Schritt hält. Wenn dein Geist auf dem gleichen Stand ist wie das Statement, findet die Quantenverschiebung statt.

Im nächsten Kapitel leite ich dich an, den Veränderungsprozess weiter zu verstärken, indem du dich auf deine eigene Energie konzentrierst. Beginne mit der Fokussierungsgleichung, deinen Wunsch in Realität zu verwandeln.

KAPITEL 9

Fokussieren: Bring deine Energie auf eine positive Frequenz

De Wahrnehmung hat eine zentrale Ausrichtung.
Diese ist es, die dem, was du siehst, Beständigkeit verleiht.
Verändere nur diese zentrale Ausrichtung, und was du
dann erblickst, wird sich entsprechend ändern.

EIN KURS IN WUNDERN

Claire lebte in ständigem Chaos, weil sie das Ergebnis jeder Situation kontrollieren wollte. Sie war von jedem Detail ihres Lebens besessen, ob es sich um das Ergebnis eines Bewerbungsgesprächs oder um ein Date am Abend zuvor handelte. Das ständige Grübeln führte nur zu Drama und einem allgemeinen Gefühl der Angst. Jeden Morgen erwachte Claire mit Angst. Hinzu kam, dass sie ihr Glück immer von ihren jeweiligen Wünschen abhängig machte. (Wenn ich das und das hätte, wäre ich glücklich …) Eigentlich war Claire eine fröhliche, aufgeschlossene junge Frau, aber es lag auf der Hand, dass ihre Neigung zum Grübeln und zur Kontrolle ihr Glück blockierte.

Eines Nachmittags bekam ich eine SMS von Claire. »Ruf mich so schnell wie möglich zurück«, stand da. Als ich anrief, sagte sie: »Ich drehe durch. Ich kann nicht aufhören, über diesen Job nachzudenken, um den ich mich gerade beworben habe. Ich brauche so dringend einen Job, und ich kann mich erst beruhigen, wenn ich weiß, was bei dem Gespräch herausgekommen ist.«

»Jetzt mach mal langsam«, antwortete ich. »Deine Grübeleien nützen dir gar nichts. Du machst dir doch auch keine Gedanken darüber, ob morgens die Sonne aufgeht, oder?« Verwirrt erwiderte sie: »Nein, natürlich nicht.« »Wenn du darauf vertraust, dass jeden Morgen die Sonne aufgeht, dann kannst du auch darauf vertrauen, dass du einen Job bekommst«, fuhr ich fort. Doch sie verstand nicht, was ich ihr damit sagen wollte. Sie lachte über meine Bemerkung und jammerte weiter über ihre Angst, in diesen unsicheren Zeiten arbeitslos zu bleiben. Schließlich unterbrach ich sie und zitierte den *Kurs*: »Willst du das Problem oder willst du die Antwort?« »Natürlich die Antwort«, erwiderte sie. »Dann solltest du langsam das Seil loslassen«, sagte ich. »Die Antwort kommt, wenn du deine Gedanken und deine Energie neu ausrichtest, sodass sie stärker mit deiner Intuition statt mit deinem Ego verbunden sind.« Nach einer Weile gab sie sich geschlagen und sagte: »Na gut. Dann zeig mir mal, wie das geht. Alles ist besser als die Situation jetzt.« Und so begann ihre Lektion in Energie, die auf Intuition ausgerichtet ist.

Auch für dich beginnt die Lektion an dieser Stelle. In diesem Kapitel zeige ich dir, wie du deine Gedanken auf positive Energie ausrichtest, um damit Größe anzuziehen. Ich erkläre dir die gängigen Blockaden, die deine Energie davon abhalten, die Positivität des Universums anzuziehen. Dann zeige ich dir, wie gefährlich es ist, mit nicht fokussierter Energie zu leben. Und zum Schluss gehe ich mit dir die Fokussierungsgleichung durch, die dir hilft, mit den Gedanken und Gefühlen aufzuräumen, die dich blockieren.

Das Ziel dieser Gleichung ist es, dir beizubringen, wie du die Energie, die das Universum dir jeden Tag zuteilt, ausrichtest. Du wirst lernen, deine Energie positiv zu aktivieren, so dass deine Schwingungen und fokussierten Wünsche zueinanderpassen. Ich zeige dir, wie du deine Energie veränderst und auf deine Anziehungskraft vertraust. Durch dein neugefundenes Vertrauen wird dein Leben richtig toll werden. Es wird dich überraschen, wie vieles sich manifestiert, wenn du deine Energie fokussierst. Manifestation ist das äußere Ergebnis einer inneren Absicht. Deine Wünsche nehmen Gestalt an, indem du deine Energie auf kraftvoll fokussierte Gedanken und eine präzise Sicht ausrichtest.

Blockaden

Du verbringst viel Zeit damit, dir Gedanken darüber zu machen, ob du einen Job findest oder ob der Typ, mit dem du letzten Freitag ausgegangen bist, wieder anruft, aber hast du dir jemals Gedanken darüber gemacht, ob, sagen wir mal, ein Magnet Eisenspäne anzieht oder ob sich die Nadel eines Kompasses bewegt? Natürlich nicht. Deine Grübeleien sind den Bereichen des Lebens vorbehalten, in die du kein Vertrauen hast. Nun, wenn du Vertrauen in die Energie hast, die die Planeten um die Sonne kreisen lässt, musst du dann nicht auch darauf vertrauen, einen Job zu bekommen? Die gleiche Energie, die die Planeten bewegt, bewegt sich auch in dir. Und du hast gerade ihre Fähigkeit geleugnet.

Da dir jetzt klar ist, dass diese Energie auch in dir ist, ist es an der Zeit zu lernen, wie du sie für etwas Gutes nutzen kannst. Denn du hast sie bisher zwar genutzt, aber unwissentlich eben nicht zu deinem Vorteil. Und deine unfokussierte Energie hat unfokussierte Ergebnisse angezogen. Und sie hat verhindert, dass du bekommst, was du willst.

Martin zum Beispiel wollte einen neuen Job, aber sein gesamter Fokus war nur auf seinen jetzigen schrecklichen Arbeitgeber gerichtet. Indem er all seine Energie auf den Job, den er hasste, ausrichtete, blockierte er sich selbst vor einem neuen Jobangebot. Als er schließlich doch den Mut aufbrachte, den Job, den er hasste, zu kündigen, war er nur zwei Wochen lang arbeitslos. Als er endlich genug Zeit hatte, sich auf seine Wünsche zu konzentrieren, konnte er auch seine Energie wieder auffrischen. Sofort war er glücklicher, weil er nicht mehr in die Firma musste, die er so verabscheute. Und aufgrund seiner fokussierten, glücklichen Energie fand er innerhalb von zwei Wochen einen neuen Job bei einem Unternehmen, in dem er immer schon hatte arbeiten wollen.

Erinnere dich: Gleiches zieht Gleiches an. Daher bringt dir die Energie, die in dir schwingt, gleiche Energie. Wenn du auf einer richtig guten Frequenz schwingst, dann wird das, was dir geschieht, genauso toll sein. Aber deine Energie auf die gewünschte Frequenz einzustellen, erfordert Fokus. Ohne richtigen Fokus bist du offen für zufällige Energie aus dem Universum. Wir sind alle Magneten, die jederzeit anziehen können. Aber deine negativen Gedanken und Gefühle bilden eine Mauer, die zwischen dir und allem, was du anziehen kannst, steht.

Deine größte Blockade ist, dass du die Macht nicht kennst, die du über deine Energie hast. Der *Kurs* sagt uns: »Das Ego spricht immer zuerst. Seine Stimme ist immer die lauteste, und es hat immer unrecht.« Dein Ego sagt dir, dass du ein Körper bist, der von allem um ihn herum getrennt ist. Das Ego schreit, du müsstest alles und jeden kontrollieren, um zu bekommen, was du willst. Das Ego sagt dir, du müsstest die Menschen fürchten, nichts Gutes vom Leben erwarten und dir über jedes Ergebnis Sorgen machen. Wenn du dich mit diesem Angstgerede identifizierst, hast du dich von deiner *inneren Quelle der Macht* entfernt.

Eine weitere Blockade ist, wenn du dir wie Claire zu viele Gedanken über zukünftige Ergebnisse machst. Denk daran, nur das Ego beschäftigt sich mit Zukunft und Vergangenheit. Dabei spielt nur die Gegenwart eine Rolle. Angst vor der Zukunft hält dich davon ab, den Moment zu genießen und dich mit dem Universum zu verbinden. Jessica zum Beispiel dreht vor Angst, keinen Mann zu finden, völlig durch. Sie denkt immer nur: Wenn ich erst einmal einen Mann habe, bin ich glücklich. Ihre Angst, »den Einen« nicht zu finden, ist ihre größte Blockade vor Glück und Liebe. Auf Partys strahlt sie diese Energie auch aus, wenn sie sich nach potenziellen Verehrern umsieht. Wenn sie einen Mann kennenlernt, den sie attraktiv findet, wird ihre Energie bedürftig. Sie agiert so, als sei er der letzte Mann auf der Erde, und das törnt jeden Mann total ab.

Die Tücken der unfokussierten Energie

Zusätzlich zu den Blockaden, die dich davon abhalten, alle Positivität zu erreichen, die das Universum für dich bereit hält, leidest du vielleicht auch an der Unfähigkeit, die Energie des Universums, die in dir ist, zentriert auszurichten. Ohne klaren Fokus jedoch bekommst du komische Ergebnisse. Wenn du zum Beispiel denkst, »Ich möchte ein Haus am Wasser«, aber nicht klar äußerst, wo du leben willst, könntest du dir letztendlich den Arsch in Alaska abfrieren (nichts gegen Alaska).

Mein Freund Tim Morehouse, ein amerikanischer Olympiafechter, hat das bei den Olympischen Spielen 2008 in Beijing erlebt. In den drei Monaten vor den Spielen hatten Tim und sein Team die Absicht geäußert, eine Medaille zu gewinnen. In jedem Training konzentrierten sie sich auf die Medaille. (Merke: Gruppenfokus ist super-kraftvoll). Sie redeten oft darüber und visualisierten den Erfolg. Voller Energie und bereit zu gewinnen, begannen sie die Wettkämpfe mit großartigem Einsatz. Sie schlugen den Weltmeister Ungarn in Runde acht, und dann siegten sie über Russland, was sie für eine Goldmedaille qualifizierte. An diesem Punkt bekamen sie Angst. Die Klarheit und das Vertrauen des Teams wurden auf einmal auf die Probe gestellt. Und weil ihr Ego sie herunterzog, beendeten sie den Wettbewerb schließlich mit einer Silbermedaille. Gold holte Frankreich. Als sie über den Wettkampf nachdachten, stellten sie fest, dass ihr Fokus von Anfang an unklar gewesen war. Sie hatten monatelang eine Medaille visualisiert, ohne die Farbe festzulegen. Ihr mangelnder Fokus hatte sie davon abgehalten, Gold zu gewinnen.

Jetzt, wo du weißt, was deine Energie blockiert, zeige ich dir, wie du deine Gedanken neu fokussieren kannst, damit du deine magnetische Kraft nicht mehr blockierst und dich von der Energie des Universums führen lassen kannst. Fokussierte Energie ist wie eine Straßenkarte. Gib dich dieser Energie hin, und du wirst dich geführt fühlen, auch wenn du zunächst das Gefühl hast, eine Umleitung zu fahren. Folge deiner fokussierten Energie einfach und sei offen für die Umleitungen des Universums. Wenn deine Energie in eine positive Schwingung versetzt ist, kannst du darauf vertrauen, dass du immer zu deinen Wünschen geführt wirst oder zu einer Umleitung, die dich zu *etwas Besserem* bringt. Warum noch Zeit damit verschwenden, selber steuern zu wollen?

Hör auf, dich vor den einmaligen Möglichkeiten zu blockieren und beginne zu fokussieren. Fang ganz einfach an. Konzentriere dich in den nächsten dreißig Tagen auf einen nicht so wichtigen Bereich in deinem Leben. Teste die Fokussierungsgleichung mit einem Wunsch, der dir nicht so wichtig ist. Das hilft dir, während du die Arbeit mit deiner Energie übst. Wenn du jetzt schon etwas Wichtigeres aussuchen würdest, würdest du zu viel von den Ergebnissen erwarten. Deshalb fang besser mit etwas Einfachem an.

Ich leite dich an, besondere Tools anzuwenden, um diesen Wunsch weiter zu fokussieren und eine klare Vision herauszubilden. Auf diesen Schritt folgen die körperlichen Aktivitäten, die deine innere Energie aktivieren. Danach geht es übergangslos in eine Meditation, die dich so führt, dass du Glücksgefühle aktivierst. Diese Meditation zeigt dir, wie du deine Energie jederzeit verändern kannst. Du meditierst am besten morgens, gefolgt vom intuitiven Schreiben. Jeden

Morgen wirst du intuitiv schreiben, wie du deine Energie an diesem Tag ausrichten willst. Denk daran, wenn du dich dreißig Tage mit Fokussieren beschäftigst, kannst du lernen, wie du deine Energie jederzeit positiv einstellen kannst. Je mehr Intuition du hinzufügst, desto kraftvoller wird deine Energie sein. Mit klarer Vision und klarem Fokus kannst du aufhören zu kontrollieren und mit dem kreativen Teil beginnen.

Warum ohne Karte und ohne GPS durchs Leben fahren? Zapf deine Intuition an und lass dir vom Universum den Weg zeigen. Überprüfe, wie verbunden du mit deiner *inneren Energie* bist. *Glaubst du, die Außenwelt kontrollieren zu müssen, um Dinge in deinem Leben geschehen zu lassen? Versuchst du, das Ergebnis von Situationen zu manipulieren? Bist du dir der Tatsache nicht bewusst, dass du deine Energie mit deinen eigenen Gedanken steuern und so dein Leben verbessern kannst?* Wenn deine Antworten widerspiegeln, dass du die Umstände deines Lebens kontrollierst oder manipulierst, dann ist das ein sicheres Zeichen dafür, dass du deine *innere Energie* nicht fokussierst. Geh auf eine dreißigtägige Fokussierungsreise und bring deine Energie in Einklang mit der Macht des Universums.

Die Fokussierungsgleichung

Dreißig Tage, um deine Energie positiv zu fokussieren

Schritt eins: Umdenken

Lass uns die Linse neu fokussieren. Das Ziel des Umdenkens ist es, deine Gedanken mit der Stimme deiner Intuition auszurichten, statt mit der Stimme des Egos. Wenn deine Gedanken im Einklang mit deiner Intuition sind, ist deine Energie stärker. Meine Intuitionsfreundin, Wellness-Guru und Akupunkteurin Bianca Beldini betont, wie wichtig es ist, dass du deine Energie neu fokussierst. »Negative Gedanken blockieren deine Energie. Ist Energie blockiert, so verursacht das mentale, spirituelle und physische Stagnation. Wie ein Fluss, der eingedämmt wird, musst du dich neu ausrichten, damit die Energie ungehindert fließen kann.« Die unten aufgeführten Umdenk-Tools führen dich zur Neuerschaffung deiner Gedanken, indem sie die Illusionen des Egos durch Liebe ersetzen. Wenn du dich auf liebevolle Gedanken konzentrierst, schaffst du liebevolle Visionen. Wichtig ist bei diesem Schritt, dass du deine Gedankenformen perfektionierst, um deine Energie zu stärken. Du kannst gerne die Kletterübung anwenden, um höhere Gedanken zu erreichen.

➤ Identifiziere ein Problem, um das du deine Energie neu fokussieren möchtest. Such dir in dieser ersten Runde etwas aus, das dir nicht so wichtig ist. Du wünschst dir vielleicht ein besseres Verhältnis zu deinem Chef oder vielleicht möchtest du deine Energie darauf ausrichten, neue Freunde zu finden. Wähle etwas, was nicht zu groß für dich ist.

➤ Achte darauf, wie du dich momentan fühlst, wenn du dich auf diese Situation oder diesen Bereich deines Lebens konzentrierst.

➤ Wie denkst du über diese Situation oder diesen Bereich deines Lebens?

Überprüfe deine Reaktionen
Wenn du einen einfachen Bereich bestimmt hast, mit dem du arbeiten willst, fängst du an, deine Energie darum herum zu verändern. Der erste Schritt zur Veränderung deiner Energie ist die Veränderung deiner Gedanken. Sagen wir einmal, du willst dich darauf konzentrieren, deine Energie in Bezug auf Geld zu verändern. Deine Gedanken waren, *Ich habe Probleme, genug Geld zu verdienen, Ich hasse meinen Job und bin*

immer pleite. In diesem Fall könntest eine Affirmation schreiben wie zum Beispiel: *Geld fließt mir mit Leichtigkeit zu. Ich tue meine Arbeit gerne und empfange gerne den finanziellen Nutzen daraus.*

Oder du willst dich vielleicht auf eine positivere Art fokussieren, mit deiner Mitbewohnerin zusammenzuleben, weil du häufig feststellst, dass du sie mit negativen Gedanken angreifst. In diesem Fall könnte deine Affirmation lauten: *Ich vergebe meiner Mitbewohnerin vergangene Situationen und entscheide mich dafür, unsere Beziehung heute zu genießen.* Wichtig an diesen Aussagen ist, dass du dich gut dabei fühlst. Wenn dir aus irgendwelchen Gründen die Aussage zu abwegig scheint, dann fällt es deinem Ego vielleicht schwer, sie zu schlucken. Wenn das der Fall ist, musst du die Affirmation vereinfachen. Schreib eine neue Affirmation. Achte darauf, dass sie im Einklang mit liebevollen Gedanken ist, die sich gut für dich *anfühlen.*

Schritt zwei: Umdenken + Bewegen

Fokussiere deine Gedanken und deine Energie

Ich begann erneut mit einem Hobby aus meiner Kindheit – Einradfahren. Das ist ein gutes Beispiel für die Macht des Fokus'. Als ich zwölf war, nahm ich an einem Zirkuskunst-Programm teil. Ich war begeistert! Einradfahren wurde zur Besessenheit, und ich bettelte so lange, bis mein Vater mir eins kaufte. Aber als Teenager gab ich dann mein Hobby auf, weil ich fürchtete, nicht cool genug zu wirken. Und siebzehn Jahre später wachte ich eines Morgens auf und stellte fest, dass Einradfahren ganz besonders cool war! Ich war entschlossen, es wieder zu versuchen. So ähnlich wie beim Radfahren erinnern sich deine Muskeln an die Bewegungen beim Einradfahren. Ohne größere Probleme konnte ich wieder beginnen, obwohl ich natürlich viel üben musste.

Ich fokussierte diesen Wunsch und machte mich daran, das Ziel zu erreichen. Ich wollte ein Star auf dem Einrad werden. Bewaffnet mit einem Einrad und einer Affirmation ging ich auf meine Fokussierungsreise. Meine Affirmation lautete: *Ich konzentriere mich auf meinen Wunsch, ich bin eine wundervolle Einradfahrerin.* Nach dreißig Tagen war ich so weit – am Ende des Prozesses konnte ich selbstbewusst und voller Vertrauen Einrad fahren.

Die folgenden Aktivitäten habe ich für diese Gleichung ausgesucht, weil sie dir helfen, deinen Fokus zu schärfen. Ich schlage vor: Laufen, Einradfahren, Golfen, Armbrust- und Bogenschießen. Aber du kannst natürlich auch jede andere Aktivität bei deiner Fokussierungsgleichung anwenden, solange sie nur deinem Körper fremd ist. Übe, deine Gedanken im Einklang mit deiner Energie zu fokussieren, sodass du dein gewünschtes Ziel erreichen kannst. Indem du dich mental fokussierst, während du versuchst, eine körperliche Aktion zu beherrschen, richtest du Geist und Körper so aus, dass du einen neuen Weg zu sein anregst.

Richte deine Energie neu aus

Häufig musst du vielleicht deine Energie neu ausrichten, und dein Geist braucht ein bisschen Hilfe. Dann schlüpfst du am besten in deine Sneakers und gehst laufen. Pass gut auf, wie deine Gedanken und deine Energie sich verschieben. Vielleicht erreichst du auch einen Zustand, in dem alle deine Sorgen verschwinden. Fokussiere deine Energie neu, indem du einfach laufen gehst.

Schritt drei:
Empfangen (Meditieren/intuitives Schreiben)

Lade dir von gabbyb.tv/meditate meine Fokussierungsmeditation herunter oder folge einfach der Anleitung unten. Diese Meditation führt dich dazu, dich auf positive Gedanken und

Gefühle zu fokussieren, um kraftvolle Energie zu entzünden. Denk daran, dass du positiv *fühlen* musst, um deine Energie zu fokussieren. Wiederhole die Fokussierungsmeditation dreißig Tage lang.

Schließ die Augen. Atme tief durch die Nase ein und durch den Mund wieder aus. Stell dir eine Person, einen Ort oder eine Situation vor, die dich glücklich macht. Sitz einen Moment lang ruhig da und lass im Kopf Geschichten und Bilder entstehen, die zu dieser Vision gehören. Beim Einatmen verbindest du dich mit den Glücksgefühlen, die diese Visionen entfachen. Entlasse beim Ausatmen diese Gedanken ins Universum. Atme weiter glückliche Gefühle ein und identifiziere, wo sie sich in deinem Körper befinden. Atme direkt in diesen Bereich deines Körpers, so dass du eine engere Verbindung zu deinen Glücksgefühlen bekommst. Nimm wahr, wie sich deine Energie von dem Gefühl vor dem Zustand der Freude neu fokussiert. Fühle, wie die Energie in dir vibriert, wenn du sie ins Universum ausatmest. Teile diese Energie mit jedem Ausatmen. Du weißt, dass diese Energie in dir alles und jeden um dich herum positiv berührt.

Intuitives Schreiben
Schreibe in den nächsten dreißig Tagen jeden Morgen. Lass deine Gedanken beim Schreiben frei fließen, um dich auf die Energie zu fokussieren, die du an diesem Tag fühlen willst. Lass deine Worte von deiner Intuition leiten, um zu beschreiben, wie du dich fühlen willst. Schreib dich direkt in die Gefühle hinein. Schaffe durch dein Schreiben neue, kraftvolle Visionen. Heiße die Gefühle willkommen, die auftauchen, während du frei über deine gewünschte Energie schreibst. Beginne jeden Tag mit diesem intuitiven Schreiben und magnetisiere deine Energie in eine positive Schwingung.

Freue dich an den Ergebnissen der Fokussierung deiner Energie. Wenn du erst einmal das Gefühl erlebt hast, deine

Energie zusammen mit dem Universum zu erschaffen, wirst du es nicht mehr missen wollen. Bleib fokussiert.

Der nächste wichtige Schritt im Manifestationsprozess ist das Wissen, dass deine Wünsche in Erfüllung gehen. Kapitel zehn lehrt dich die simple Wissensgleichung, die dich mit Hingabe und Übung in »das Wissen« führt.

KAPITEL 10

Wissen: Das Universum steht dir bei

Diejenigen, die sich des Ausgangs gewiss sind,
können es sich erlauben zu warten,
und ohne Ängstlichkeit zu warten.

EIN KURS IN WUNDERN

Glauben wird ersetzt durch Wissen.

Wayne Dyer, YOUR SACRED SELF

Kürzlich fragte mich eine Klientin, die ich coache, nach dem Unterschied zwischen »Wünschen« und »Wissen«. Ich erklärte ihr, der Unterschied zwischen den beiden sei nicht zu messen. Wenn du dir etwas wünschst, glaubt dein Ego, dass *du* das Ergebnis kontrollieren kannst. Hinter jedem Wunsch steht jedoch ein Bedürfnis, das zum Ausstoß einer Art klammernden Energie führt. Außerdem richtest du dich auf mehr als nur ein Ergebnis ein, wenn du dir wünschst, dass etwas passieren soll. Du wünschst dir zwar, dass genau das Ereignis eintrifft, bereitest dich aber gleichzeitig auf einen Kompromiss vor, falls es nicht passiert. Bei einem Wunsch gibt es immer einen Mangel an Sicherheit. Ein Wunsch kann als Traum wahrgenommen werden, der *vielleicht* wahr werden könnte. Die Unsicherheit hinter diesem Denken führt zu der Angst, dass das, was du dir wünschst, vielleicht nie in Erfüllung geht. Du kannst so viele positive Affirmationen wiederholen, wie du willst, aber wenn die Angst dahintersteht, dass es doch nicht eintrifft, dann blockierst du die Erfüllung des Wunsches selber.

Wissen ist etwas ganz anderes als Wünschen. Wenn du

weißt, bist du entspannt und deine Energie schwingt auf einer positiven Frequenz. Wenn deine Energie in einer guten Schwingung ist, *weißt* du, dass du aufgefangen bist. Und wenn du weißt, dass deine Wünsche auf dem Weg zur Erfüllung sind, *spürst* du es im Bauch. Du entspannst dich beim Manifestationsprozess (Der »Manifestationsprozess« ist einfach die Straßenkarte, mit deren Hilfe du zu deinen Ergebnissen gelangst. Mehr darüber später.) und *erlaubst* deinen Wünschen, zu dir zu fließen wie Eisen zu einem Magneten. Zeit wird irrelevant, weil du den Moment genießt und Vertrauen in die Zukunft hast. Und was noch wichtiger ist, du weißt, dass das Universum eine Umleitung vorgesehen hat, die noch besser ist als dein Wunsch, wenn er nicht genauso eintrifft.

In diesem Kapitel spreche ich darüber, wie wichtig der Zustand des Wissens ist. Ich werde dir zeigen, was passieren kann, wenn du nicht im Wissen bist, und werde dir erzählen, wie es mir gelungen ist, drei Jahre auf meinem Weg zum Wissen zu bleiben. Und schließlich werde ich die Wissensgleichung erläutern und dir sagen, warum sie etwas Besonderes ist.

Missgeschicke bei der Manifestation

Was dich vom Wissen abhält, ist der Mangel an Hingabe an die Energie des Universums. Wünschen und Hoffen sind wundervolle Verhaltensweisen, aber bevor du empfangen kannst, müssen sie in vollständiges Wissen umgewandelt werden. Von Zeit zu Zeit magst du manchen Wünschen, die du »gewollt« oder »erhofft« hast, sogar nahekommen, aber ohne absolutes Vertrauen wirst du nicht dauerhaft Erfolg anziehen. Es wird *erfolgreiche Manifestationen* geben, aber darauf folgen auch vom *Ego kontrollierte Situationen*.

Nancy zum Beispiel, eine junge Frau, die ich coache, musste in einem Monat für das Maklerbüro, die dem sie arbeitete,

10000 Dollar erwirtschaften. Wenn sie diese Summe nicht hereinholte, würde sie ihren Job verlieren. Da sie so unter Druck gesetzt wurde, setzte sie den Manifestationsprozess in Gang. Sie machte ihre Wunscherklärung klar und deutlich und fokussierte sich auf ihre Absichten. Sie begann, die Fokussierungsgleichung täglich zu üben. Jeden Tag affirmierte sie: »Ich werde für mein Unternehmen diesen Monat 10000 Dollar verdienen.« Innerhalb von zwei Wochen hatte sie die 10000 Dollar erreicht, und bis zum Ende des Monats hatte sie ihr Ziel um 5000 Dollar überschritten. Sie war begeistert von dem Ergebnis und beschloss, es im nächsten Monat noch einmal zu versuchen. Dieses Mal jedoch mischte sich ihr Ego ein und sagte. »Das war doch nur Glück. Zweimal hintereinander schaffst du es nicht.« Ihre Unsicherheit und ihre Angst sabotierten das Ergebnis des nächsten Monats. Sie suchte nach Erklärungen, machte den schlechten Immobilienmarkt und die wirtschaftliche Lage dafür verantwortlich. Aber in Wahrheit hatte Nancy ihre positive Energie der Macht des Egos überlassen, und so ihre Manifestation nicht wiederholen können. Nancy hatte sich selbst vor dem Potenzial blockiert, auch im zweiten Monat so viel, wenn nicht sogar noch mehr verdienen zu können, weil sie auf die Angst des Egos hereingefallen war.

Nach ihrer missglückten Manifestation bat Nancy mich um Hilfe. Ich erklärte ihr, dass sie lediglich versäumt hatte, die Energie des Universums voll zu integrieren. Der wichtigste Schritt bei der Manifestation ist zu *wissen*, dass dein Wunsch auf dem Weg ist. Alles Wünschen und Wollen führt letztlich nur zur *gelegentlichen* Erfüllung. Wäre es dir nicht lieber, du würdest einfach *wissen*, dass alles funktioniert, dich führen lassen und empfangen?«, fragte ich Nancy. »Ja, natürlich«, erwiderte sie. »Aber ich fühle mich frustriert und blockiert, weil ich keine Ahnung habe, wie ich dahin kommen soll.«

Ich hatte Mitleid mit ihrer Frustration und erklärte ihr, wie die Wissensgleichung ihr Vertrauen und ihr Wissen pushen würde. Hier ist die Kurzform dessen, was ich Nancy sagte: »Das Wissen kommt von deiner täglichen Arbeit mit deiner Intuition. Die meisten Menschen haben das Problem, dass sie für kurze Zeit mit ihrer Intuition arbeiten und dann nachlassen und dem Ego erlauben, wieder das Steuer zu übernehmen. Ich habe schon oft beobachtet, dass Leute ein paar Tage, ein paar Wochen oder auch ein paar Monate lang gut mit ihrer Intuition gearbeitet haben und das positive Ergebnis ihrer Intuitionsübungen genießen konnten. Aber viel zu oft schleicht sich dann das Ego, gerissen wie es ist, wieder ein.«

Die gute Nachricht ist, dass man sich vor dem Angriff des Egos schützen und jeden Tag in dem Wissen leben kann, geführt zu werden. Der Schlüssel dazu sind tägliche Intuitionsübungen. Wie du mittlerweile weißt, ist eines der Endergebnisse jeder Intuitionsgleichung eine positive Veränderung in der Wahrnehmung. Je mehr du deine Wahrnehmung veränderst, desto mehr Wunder kannst du verbuchen, und je mehr Wunder dir geschehen, desto mehr weißt du, dass das Universum dir zur Seite steht.

Die Quintessenz des Ganzen lautet: Wenn du im *Wissen* leben willst, so erfordert das eine lebenslange Verpflichtung deiner Intuition gegenüber. Du magst heute zwar noch nicht das volle Vertrauen haben, aber du kannst direkt damit beginnen, dich in diese Richtung zu bewegen. Wenn die Wunder sich häufen, wirst du schließlich im *Wissen* leben. Und wenn du bis dahin Aufmunterung brauchst, dann wiederhole den Zwölf-Schritte-Slogan, der so vielen über die Jahre geholfen hat, Vertrauen zu haben. »Fake it till you make it.« (dt.: »Tu einfach so, bis es tatsächlich soweit ist.«) Ich habe das auch getan, als ich auf dem Weg zum *Wissen* war. Aber, was noch viel wichtiger ist, ich habe mich mehr als vier Jahre täglich um meine Intuition gekümmert. Und dann kam der Tag, an dem ich die Intuition ganz erfassen und von meinem Ego trennen konnte. Dazwischen gab es viele Momente, in denen ich klare Zeichen für die Macht des Universums bekommen hatte, aber es hat mich viel Intuitionsarbeit und Geduld gekostet, zum *Wissen* zu kommen.

Ich wusste zum Beispiel drei Jahre lang, dass ich dieses Buch veröffentlichen würde. Ich hatte den Wunsch, eine Geschichte zu erzählen, und ich wusste, in mir war ein Buch. Nachdem ich eine Agentin damit beauftragt hatte, meine Buchidee zu verkaufen, blieb ich entspannt. Ich *wusste*, dass sie das Buch zum richtigen Zeitpunkt an den richtigen Verlag verkaufen würde. Beinahe hätte meine Agentin mein Buch schon ein Jahr früher an einen anderen Verlag verkauft. Als der Vertrag jedoch nicht zustande kam, *wusste* ich, dass etwas Besseres auf mich zukam. Und es war tatsächlich viel, viel besser: Ein Jahr später wurde ein völlig anderes Buchkonzept verkauft.

Zu meinem Glück hatte das Universum einen besseren Plan, und ich ließ es bereitwillig geschehen. Geduldig im *Wissen* zu bleiben hat mich zum richtigen Zeitpunkt zum richtigen Verlag geführt. Und um in der Schwingung des Wissens zu bleiben, praktiziere ich täglich die Wissensgleichung.

Beten + Meditieren = Wissen

Die Schlüsselkomponenten der Wissensgleichung sind Beten und Meditieren. Das ist mir auf meinem Weg zum Wissen klar geworden. Damals habe ich jeden Morgen meine Absicht artikuliert, indem ich ein Gebet ans Universum gesprochen habe. Manchmal ging ich sogar demütig auf die Knie. Ich habe das nie als besonders religiös oder seltsam empfunden, es machte lediglich die Erfahrung des Betens kraftvoller. Auf die Knie zu gehen vermittelte auf sehr körperliche Art, dass ich bereit war, der Energie des Universums meinen Willen und mein Leben zu übergeben.

Nach meinem Gebet habe ich mindestens zehn Minuten lang meditiert, um meinen Geist zu klären und auf meine Intuition zu lauschen. Im Lauf der Wochen wurden aus den zehn Minuten zwanzig und aus zwanzig wurde eine Stunde. Manchmal habe ich sogar zweimal am Tag meditiert. In meiner Meditation lauschte ich einfach auf meine Intuition. Ich überprüfte meine Gefühle an diesem Tag und ließ meine Intuition meine Gedanken von Angst wieder zu Liebe formen. An manchen Tagen war ich total inspiriert und sprang von meinem Meditationskissen auf, um ein Buch zu lesen, das schon seit Monaten im Regal stand. An anderen Tagen gab ich mich ganz der Vergebung hin und vergab jemandem, gegen den ich Groll hegte. Manchmal saß ich in der Meditation einfach nur da und beruhigte meine Gedanken, damit ich mit Leichtigkeit und in einem positiveren energetischen Zustand durch den Tag kam.

Dadurch, dass ich täglich betete und meditierte, fokussierte ich meine liebevollen Gedanken und meine Energie, während ich mich meiner Intuition hingab. Als Ergebnis wurde ich zu besonderen Menschen, Situationen und Umständen geführt. Die Tage, an denen ich zu spät aufwachte und mein Wissensritual nicht durchführen konnte, waren verlorene Tage für mich. Deshalb holte ich das Beten und Meditieren später am Tag nach, wenn ich Gelegenheit dazu hatte. Ich nahm jede Gelegenheit zum Beten und Meditieren wahr. Wenn ich es nicht in meiner Wohnung tun konnte, tat ich es in der U-Bahn, indem ich meinen iPod einschaltete und die Augen schloss. Ich betete und meditierte vor Dates, Geschäftsterminen, sogar bevor ich ins Sportstudio ging. Ich übergab einfach meine Wünsche dem Universum und bat um Führung.

Am Anfang schienen meine Gebete einfach nur Worte zu

sein, und meine Meditationen waren nichts anderes als Stillsitzen. Dazwischen schlich sich das eine oder andere Wunder ein. Aber als die Wunder immer häufiger wurden, konnte ich nicht länger leugnen, was los war. Ich begann, echtes Vertrauen in das Universum zu haben. Mit meinem neu gefundenen Sinn für Wissen fühlte ich mich mit dem Universum tiefer verbunden. Es war, als ob ich in einer Beziehung mit etwas lebte, das viel größer war als die Welt, die ich sehen konnte. Ich fühlte mich geführt. Ich musste das Ergebnis von Situationen und Beziehungen nicht mehr kontrollieren und manipulieren. Ich musste mir keine Sorgen mehr machen. Ich hatte das allumfassende Gefühl, dass alles gut werden würde. Indem ich weiterhin täglich bete und meditiere, behalte ich diesen Zustand des Wissens bei.

Dann begann ich, dieses Wissen auf meine Manifestationen anzuwenden, und alles wurde verblüffend. Ich erlebte aus erster Hand, wie das Leben fließt, wenn du dich dem Universum durch Beten und Meditieren hingibst. Lief einmal etwas nicht so, wie ich es geplant hatte, dann kam es immer noch besser. Alles lief wunderbar, aber statt nachlässig zu werden, dachte ich an die Mahnung meiner Mentorin Erica. »Wenn die Dinge gut laufen, musst du noch mehr arbeiten.« Genau das tat ich. Ich behielt mein tägliches Ritual bei, indem ich betete und meditierte. Aus Tagen wurden Monate, Monate wurden zu Jahren, und jetzt kann ich mich voller Vertrauen und Wissen entspannen.

Ich kann stolz sagen, dass ich die meiste Zeit das Universum an meiner Seite weiß, und eigentlich heiße ich die seltenen Ego-Momente sogar willkommen, weil sie mich erden. Ich halte mein Ego an der kurzen Leine und lasse es verborgene Wunden spiegeln. Wer hätte gedacht, dass einfache Gebete und stille Momente zu einem so guten Leben führen können?

Die Wissensgleichung anwenden

Mit nur zwei Schritten, Beten und Meditieren, ist die Wissensgleichung etwas anders als die anderen Intuitionsgleichungen. Außerdem fehlt ihr die körperliche Komponente. Der Grund für den Unterschied ist, dass diese Gleichung für einen anderen Typ von Endspiel entworfen wurde. Während alle anderen Gleichungen etwas Bestimmtes in deinem Leben ändern sollen, ist die Wissensgleichung eine konstante, dauerhafte Gleichung, die dich im *Wissen* halten soll. Beten und Meditieren sind die beiden Schritte, die dich immer im Zustand des Wissens halten. Ein weiterer Grund für die Schlichtheit der Wissensgleichung ist der Hinweis, dass Vertrauen zu haben nicht so eine große Sache ist. Zwei einfach tägliche Aktionen reichen aus: Beten und Meditieren. Beten und Meditieren halten dich in ständigem Kontakt mit deiner Intuition, und dieser ständige Kontakt hält dich im Wissen.

Außerdem habe ich diese Gleichung bewusst im Taschenformat gehalten, weil ich den zeitlichen Rahmen ausdehne. Statt dreißig Tagen ist die Zeitachse für diese Gleichung, na ja, immer und ewig. Aber du brauchst nicht zu erschrecken – es gibt viele Arten von Gebeten und Meditationen, die du in dein Leben einbauen kannst, und sie sind alle superleicht durchzuführen. Meine Meditationen auf www.gabbyb.tv führen dich so lange, bis du meine Stimme nicht mehr hören kannst. Übe deine Wissensgleichung so stetig und schlicht wie möglich. Bleib auf Kurs und verlier dich nicht in Details.

Weiter unten werde ich dich durch zwei einfache Schritte dieser Gleichung führen, und dir zwei Beispiele dafür nennen, wie du diese Übung jeden Tag in dein Leben einbauen kannst. Es spielt keine Rolle, wie viele Bücher du gelesen hast, wie viele Vorträge du besucht hast oder wie lange du in Therapie warst. Wenn du nicht täglich betest und meditierst, kommst du mit deinem Vertrauen nicht weiter. Beginne, indem du dir die Frage stellst: »Habe ich heute gebetet und meditiert?« Es geht nicht um das, was du gestern getan hast oder was du morgen vorhast, es geht nur um das Heute.

Zuerst musst du dir darüber klar werden, wie du dich bemühst, um auf deinem Weg zu wahrhaft hundert Prozent in deinem Herzen und deiner Seele zu bleiben, im Wissen, dass das Universum für dich sorgt. Bitte stell dir die folgenden Fragen: *Wenn du deine Absichten festlegst, vertraust du darauf, dass das Universum daran arbeitet, dir die besten Manifestationen deiner Wünsche und Absichten zu bringen? Fällt es dir schwer, dir sicher zu sein, dass deine Wünsche in Erfüllung gehen? Lebst du in einem ständigen Zustand der Angst, dass die Dinge, die du vom Universum erwartest, nie eintreffen? Bist du frustriert, wenn die Dinge nicht in deinem zeitlichen Rahmen geschehen? Fällt es dir schwer zu glauben, dass das Universum für dich sorgt?*

 ## Die Wissensgleichung

Dreißig Tage, um zu wissen, dass das Universum dir zur Seite steht

Schritt eins: Beten

Denke daran, dass es im Gebet um Bitten geht. Im ersten Schritt musst du klären, um was du das Universum bittest. Manchmal bittest du vielleicht das Universum nur darum, dich so zu führen, dass du deine Ängste loslässt und im Vertrauen lebst. In anderen Fällen bittest du vielleicht um etwas Bestimmtes, wie Hilfe bei einer Erkrankung oder in einer romantischen Beziehung. Aber ganz gleich, um was es sich handelt, Klarheit kommt zuerst.

Kläre deine Bitte ans Universum

Wenn du deine Bitte klärst, gibt es zwei wichtige Komponenten. Zuerst einmal musst du die Absicht hinter deinem Wunsch klären, und dann musst du klären, in welcher Art und Weise du bitten willst. Du solltest besser nicht aus einem Mangel oder aus Bedürftigkeit heraus bitten. Wenn du dich bedürftig fühlst, ist auch deine Energie bedürftig, und daher bist du vom Wissen weit entfernt. Außerdem ist es wichtig, dass deine Absichten mit dem übergeordneten Wohl übereinstimmen.

Wenn ich vom übergeordneten Wohl spreche, meine ich damit, dass der Wunsch anderen und der Welt in gewisser Weise dienen muss. Saras Wunsch zum Beispiel war es, zu heiraten. Sie formulierte die Absicht ihres Wunsches um, und aus »Ich brauche einen Mann, um mich sicher zu fühlen« wurde »Ich möchte einen Mann, weil ich eine wunderbare Mutter wäre und meine Weisheit mit meiner Familie teilen könnte«. Die Verschiebung in der Wahrnehmung ist der Unterschied zwischen einer bedürftigen Forderung und einem Angebot ans Universum. Deine Intuition funktioniert nicht nach dem Motto »Wie kann *ich etwas bekommen?*«, sondern eher *»Wie kann ich geben?«* Und genau auf diese »gebende« Energie spricht die positive Energie des Universums an.

Ein weiteres Beispiel ist Micaelas Wunsch, Modedesignerin zu sein. Zuerst denkst du vielleicht, »Wie kann eine Modedesignerin der Welt dienen?« Die Antwort darauf ist einfach. Ihr Wunsch ist für die Welt von Nutzen, weil es ihre Mission ist, durch ihre Entwürfe zu heilen. Sie hat durch ihre Arbeit eine Geschichte zu erzählen, und sie *weiß*, dass diese Geschichte auf das übergeordnete Wohl ausgerichtet ist. Daher wünscht sie sich kraftvolle Schwingungen, um Größe anzuziehen. Ihre Inspiration für diesen Wunsch ist Donna Karan mit ihrer Linie »Urban Zen«. Die »Urban Zen«-Mission ist es, Bewusstsein zu wecken und den Wandel in Verbindung mit richtig umwerfender Kleidung zu inspirieren. Dieses kraftvolle Beispiel nährt Micaelas Wünsche täglich. Auch Jessica ist ein gutes Beispiel. Ihr Wunsch ist es, mit ihrer Arbeit als Yogalehrerin bekannt zu werden. Aber sie will die Bekanntheit nicht, um sich gut zu fühlen, sondern sie sieht sie eher als Katalysator, um eine heilende Botschaft zu verbreiten.

Wenn deine Wünsche von liebevollen Absichten für das übergeordnete Wohl begleitet werden, dann wirst du das innere Wissen verspüren, dass du auf dem richtigen Weg bist und alles seinen Gang geht. Dann wollen wir mal deinen Wunsch oder deine Wünsche überprüfen, um zu klären, welche Absicht dahinter steht. Dazu stellst du dir bitte die folgenden Fragen und schreibst gleich die Antworten dazu.

Wie wird dein Wunsch die Welt berühren? (Merke: Du musst keine Leben retten, um deine Wünsche kraftvoll auszurichten.)

So könnte die Antwort aussehen: *Mein Wunsch ist es, Bestseller zu schreiben. Dieser Wunsch dient dem übergeordneten Wohl, weil meine Bücher die Leute glücklicher machen.*

Jetzt kannst du es mal versuchen.
Mein Wunsch ist _____.
Dieser Wunsch dient dem übergeordneten Wohl, weil

_____.

Überprüfe, wie du bittest

Damit dein Gebet wirkungsvoll ist, lass uns mal einen Blick darauf werfen, wie du mit dem Universum kommunizierst. Ich bin zum Beispiel auf der Straße einer Freundin begegnet, und wir kamen ins Gespräch über einen Job, den sie gerne haben wollte. Sie sagte: »Gab, ich habe gebetet wie verrückt, aber das Universum antwortet einfach nicht!« Ich erwiderte: »Würdest du antworten, wenn jemand so ungeduldig mit dir redet?« Denk daran, dass es bei der Kommunikation mit dem

Universum weniger darum geht, was du denkst und sagst, sondern nur um die Energie hinter deinen Gefühlen. Deine Gefühle erzeugen energetische Schwingungen, und darauf kann das Universum reagieren. Daher ist es wirklich wichtig, die Energie hinter dem *Wie* deiner Fragen zu reinigen. Die Energie hinter deinem Gebet verschiebt sich, wenn du sie dem Universum übergibst. Damit du lernst, wie du deine Wünsche ins Universum entlässt, gebe ich dir die folgenden Tipps.

➤ *Gebetstipp 1:* Übergib dein Gebet dem Universum. Übergib deine Wünsche komplett dem Universum, und zwar auf die Art, die sich für dich richtig anfühlt. Zum Beispiel könntest du kniend beten. Wenn du dir selbst und dem Universum körperlich zeigst, dass du bereit für Hilfe bist, verändert sich deine Energie. Du kannst das Loslassen auch ausdrücken, indem du es einfach sagst. Sag einfach laut: »Ich übergebe diesen Wunsch dem Universum. Ich weiß, dass es sich darum kümmert.« Denk immer an den Satz: »Fake it till you make it«. Du bist vielleicht heute noch nicht dazu bereit, alles zu übergeben, aber fang einfach an, indem du es laut und kniend aussprichst. Diese Aktionen vermitteln dem Universum die kraftvolle Botschaft, dass du bereit bist, das Ergebnis nicht zu kontrollieren.

➤ *Gebetstipp 2:* Bastle eine Glaubensbox. Das ist eine Schachtel, in der du deine Gebete aufbewahrst. Verziere sie so, wie es dir gefällt. Dann schreib dein Gebet auf einen Zettel und lege ihn in die Schachtel. Dadurch vermittelst du dem Universum, dass du deinen Wunsch weggibst, und *weißt*, dass sich darum gekümmert wird.

➤ *Gebetstipp 3:* Dankbarkeit ist die einzig korrekte Haltung. Mache eine Liste von allem in deinem Leben, für das du dankbar bist. Beginne dein Morgengebet damit, dass du deine Dankbarkeitsliste laut liest. Das ist eine sehr kraftvolle Aktion, weil sie deine Gedanken und Energie sofort auf Liebe ausrichtet. Diese kraftvolle Energie unterstützt deine Gebete und stimmt dich auf den Tag ein.

➤ *Gebetstipp 4:* Heilende Gebete. Für meine Freundin von der Westküste, die Psychotherapeutin, Hirn- und Körperspezialistin Dr. Erica Ellis, sind Gebete Tools zur Heilung. Erica sagt: »Studien haben ergeben, dass Gebete einen tiefgreifenden physiologischen Effekt auf die Heilung haben. Sie regulieren Herzmuskelprobleme, verbessern die Immunfunktion und senken das Stresslevel. Es kann sein, dass Gebete die Herzfrequenz regulieren und deinem Körper und Gehirn signalisieren, dass es in Ordnung ist, wenn du dich entspannst und Liebe erfährst. Und wenn du jemand anderem Liebe und Gebete schickst, dann hast du den gleichen Nutzen davon, als wenn du sie dir selber zukommen lassen würdest. Die spirituelle Praxis des Gebets funktioniert also in beide Richtungen und löst die herkömmlichen Barrieren zwischen dir und anderen auf.«

Und schließlich, behandle das Universum wie einen besten Freund, der dir in allen Bereichen des Lebens helfen will. Bitte furchtlos um Führung und Anleitung. Richte deine Bitten auf das übergeordnete Wohl aus und bitte das Universum liebevoll um Hilfe. Vertrau mir, es hört dir zu.

Schritt zwei: Meditieren

Der letzte Schritt im Wissen, dass für dich gesorgt wird, erfolgt durch eine disziplinierte Meditationspraxis. Meditation ist eine Zeit, die du mit deiner Intuition in Frieden und Stille verbringst. Wenn du täglich meditierst, wirst du dich mit dem Universum verbunden fühlen, und das wiederum führt zu einem Zustand des Wissens, dass deine Wünsche in Einklang mit dem Universum sind. Tagsüber bist du normalerweise in einer Gehirnfrequenz, die als »Beta« bezeichnet wird.

Die Beta-Frequenz eignet sich hervorragend für alltägliche Aufgaben und dafür, Dinge zu erledigen, aber sie trägt nichts zu deiner Verbindung mit dem Universum bei. Wenn du meditierst, schaltet dein Gehirn auf eine andere Frequenz. Wenn du dich von meiner Stimme leiten lässt und deine Anspannung loslässt, wird dein Gehirn in eine Alpha-Gehirnwellen-Frequenz geführt, eine niedrigere Frequenz, die den Geist beruhigt. In dieser Frequenz bist du so entspannt, dass du deine Wünsche in das Quantenfeld der Möglichkeiten entlässt. Unten findest du ein paar Beispiele, wie Meditation dich zu weiterem Wissen und Mitgestaltung mit dem Universum führt.

Meditative Visionen

Indem du deine Beta-Frequenz beruhigst und dich in deiner Alpha-Frequenz entspannst, wirst du zu Visionen und zum Loslassen von Plänen geführt. Zwischen einer Vision und einem Plan ist ein großer Unterschied. Beim Plan geht es nur darum, das Ergebnis zu kontrollieren, während eine Vision eine liebevolle Betrachtung ist. Wenn du meditierst, erschaffst du Visionen, die von liebevollen Absichten umgeben sind. Du kreierst diese Visionen, indem du deiner Intuition in der Meditation deine Wünsche anbietest. Stell dir einfach etwas vor, was du dir wünschst, und übergib es in der Meditation deiner Intuition. Mitten in der Meditation ist dein Gehirn im Alpha-Zustand und daher sehr kreativ.

Dann kann sich deine Intuition an die Arbeit machen. Wenn dein Geist ruht, kann er sich von deiner Intuition führen lassen und kreativ in richtig tolle Visionen fließen. Jessica zum Beispiel stellte sich vor, wie sie Yoga an führenden Schulen des Landes unterrichtet. In ihrer Vision sah sie, wie strahlendes Licht aus ihrem Körper drang. Das war das Symbol für ihren heilenden Einfluss auf die Welt. Jessicas Vision, ihr Licht mit anderen Menschen zu teilen, diente nicht nur ihrem Glück, sondern verbreitete energetisch Freude überall im

Äther. Danach konnte sie ihre Pläne loslassen und sich auf die Liebe hinter ihren Absichten konzentrieren. Indem sie diese liebevolle Vision täglich in ihrer Meditationsübung erschuf, wurde Jessica so geführt, dass sie Yoga vor immer größeren Menschenmengen unterrichtete und ihr heilendes Licht verbreitete.

Weißes-Licht-Meditationen

Von zwei Autorinnen, die einen Verlag für ihr Buch suchten, hörte ich ein weiteres starkes Beispiel. Wochenlang hatten sie die Kraft der Visualisierung angewendet, um diesen Wunsch wahr werden zu lassen. Sie meditierten und stellten sich vor, wie weißes Licht in das Buch eindrang, das sagte: »*Veröffentliche mich!*« Diese Meditation vollzogen sie täglich. Drei Wochen später erhielten sie einen Anruf von einem Verleger, der sagte:»Ich verlege solche Bücher nie, und es passt überhaupt nicht in mein Programm, aber dieses Buch schreit geradezu danach, veröffentlicht zu werden.« Kurz darauf unterschrieben sie den Vertrag.

Ein weiterer wichtiger Schritt ist das *Fühlen* der Gefühle hinter deinen Wünschen. Sara zum Beispiel manifestierte ihren Wunsch nach einem Mann durch ihre Gefühlsmeditationen. Sie meditierte im Gehen und lief eingehüllt in das *Gefühl*, verliebt zu sein, durch die Straßen von Manhattan. Jeden Abend vor dem Einschlafen stellte sie sich vor, wie er aussah, wie er sich bewegte und wie er sie *fühlen* ließ. In ihrer Meditation schickte sie weißes Licht von ihrem Herzen zu seinem Herzen. Wenn sie aufwachte, erinnerte sie sich an schöne Träume, in denen sie mit ihm zusammen war. Am wichtigsten war, wieviel Aufmerksamkeit sie dem Gefühl widmete, das er ihr gab. Sie lebte in dem Wissen, dass er sich an jedem Tag, den sie noch getrennt waren, auf sie vorbereitete. In dieser Zeit erlebte sie zahlreiche Wunder. Männer blieben auf der Straße stehen und fragten sie nach ihrer Telefonnummer. Jeden Abend war sie mit einem anderen Mann verabredet. Ihre Energie schwang auf einer liebenden Frequenz ins Universum, und diese Schwingungen wurden von Männern aufgenommen. Innerhalb von zwei Monaten lernte sie Peter kennen, der die Verkörperung ihrer Visionen war. Seitdem sind sie zusammen.

Deine Wünsche sind Gebete. Wenn du deine positive Energie in Einklang mit deinen Wünschen bringst, *weißt* du, dass dein Gebet beantwortet ist. Du denkst es. Du fühlst es. Du weißt es.

Weißes-Licht-Meditation (Audioversion erhältlich auf www.gabbyb.tv/meditate.)

Schließ die Augen. Atme tief durch die Nase ein und durch den Mund aus.
Einatmen – ich umgebe meine Absichten mit Liebe.
Ausatmen – ich bin dankbar.
Einatmen – ich richte meine Wünsche auf das übergeordnete Wohl aus.
Ausatmen – ich weiß, dass ich geführt werde.
Einatmen – ich umgebe meine Absichten mit Liebe.
Ausatmen – ich bin dankbar.
Einatmen – ich richte meine Wünsche auf das übergeordnete Wohl aus.
Ausatmen – ich weiß, dass ich geführt werde.

Lass eine Vision deines Wunsches in deinem Kopf entstehen. Sieh dich selbst in dieser Vision, wie weißes Licht aus dir strömt. Du weißt, dass dieses weiße Licht die liebevolle Absicht hinter deinem Wunsch repräsentiert. Schicke Liebe von deinem Herzen in den Äther. Du weißt, dass diese liebevolle Schwingung deine Wünsche anzieht. Stell dir vor, wie weißes Licht in dein Wunschobjekt strömt. Dieses strahlend weiße Licht enthält die gesamte Liebe des Universums. Dieses weiße Licht repräsentiert deine Absichten und bringt deine Energie in Einklang mit dem Fluss des Lebens.

Der *Kurs* lehrt, dass fünf Minuten Gebet oder Meditation mit deiner Intuition am Morgen garantieren, dass deine Gedanken den ganzen Tag über im Einklang mit Liebe sind. Du weißt, dass deine innere Ausrichtung Wunder schafft. Beginne jeden Tag mit diesem Mantra: *Ich glaube. Ich wähle Liebe. Ich erschaffe zusammen mit dem Universum. Meine Intuition führt mich. Ich wähle Liebe und empfange Liebe.*

Dreißig Tage mit der Wissensgleichung werden dich einstimmen auf das, was in Kapitel elf kommt. Mit deinem positiv ausgerichteten Fokus und einem wahren inneren Wissen bist du bereit zum Manifestieren.

KAPITEL 11

Manifestieren: Zusammen mit dem Universum erschaffen

Wunder geschehen auf natürliche Weise,
als Äußerungen der Liebe.

EIN KURS IN WUNDERN

Ich coache Courtney seit mehr als fünf Monaten. Ihr *inneres Licht* leuchtete. Da sie unbedingt weiterkommen wollte, sagte sie: »Ich bin bereit, mit dem Manifestieren anzufangen.« Ich glaubte auch, dass sie bereit war, und willigte ein, ihr die Manifestationsgleichung beizubringen. Zuerst erklärte ich ihr, dass Manifestation das äußere Ergebnis einer inneren Absicht ist. Der Prozess, deinen Wünschen eine Form zu geben, erfordert die Aktivierung deiner Energie mit kraftvoll fokussierten Gedanken und präzisen Visionen.

Courtney war für diesen Prozess bereit, weil sie erfolgreich die Fokussierungsgleichung anwendete, um ihre Gedanken bewusst mit positiven Absichten auszurichten. Außerdem hatte sie gerade eine dreißigtägige Wissensgleichung beendet, in der sie durch Gebet und Meditation ihr tägliches Gespräch mit dem Universum aktiviert hatte. Jetzt war es an der Zeit für Courtney, ihr Glaubenssystem mit der Manifestationsgleichung ein paar Schritte weiter zu bringen.

Um meine Lektion zu vereinfachen, hielt ich mich an das, was sie am besten konnte. Courtney war auf ihrem College in der Bogenschützenmannschaft. Seit ihrem zwölften Lebensjahr betrieb sie diesen Sport. Zum Glück war Bogenschießen eine geniale Metapher für Manifestationen. Ich ging Schritt für Schritt vor, und fächerte die Komponenten des Manifestierens durch die Augen eines Bogenschützen auf. Der erste Schritt im Manifestierungsprozess ist Fokus. Wie jeder gute Bogenschütze weiß, musst du dich auf die »Zehn« fokussieren. (Courtney hatte mir beigebracht, dass die Zehn das kleine »x« im mittleren Kreis auf der Zielscheibe ist.) Im nächsten Schritt musst du dafür sorgen, dass du *ruhig* bist. Wenn deine Energie zu unruhig ist, fliegt der Pfeil nicht gerade. Wenn du deinen fokussierten Wunsch mit ruhiger Energie ausgerichtet hast, bist du bereit, den Pfeil *loszulassen*. Wenn du den Pfeil losschickst, *weißt* du, dass er in die Zehn trifft. Wenn du jedoch die Zehn beim ersten Schuss nicht triffst, dann bleibst du trotzdem *geduldig*, weil du weißt, dass der Pfeil schon bald die Zehn treffen wird.

Courtney kapierte meine Metapher sofort und war bereit, die Schritte der Manifestationsgleichung zu lernen. Wie Courtney glaube ich an diesem Punkt unserer gemeinsamen Reise, dass auch du bereit bist, die Manifestationsgleichung zu lernen. Aber bevor ich dich Schritt für Schritt hindurchführe, möchte ich dir gerne erst einmal einige starke Beispiele für erfolgreiche Manifestationen nennen. In meinem Gedächtnis befinden sich unzählige Manifestationswunder, aber die, die ich hier ausgesucht habe, vermitteln am besten die Bedeutung der drei Hauptelemente der Manifestationsgleichung – Fokussierung, Loslassen und Wissen.

Fokussierung

Einer der vielen Gründe, warum ich beschlossen habe, mit meinem Coach Rha zu arbeiten, ist der, dass sie eine Expertin für Manifestationen ist. Sie hatte alles, was ich wollte, und zwar in allen Bereichen des Lebens. (Merke: Wenn Leute das haben, was du gerne hättest, dann tu das, was sie tun.) Alles, was sie hatte, war das Ergebnis ihrer Hingabe an ihre Intuition und ihre perfekte Manifestationspraxis. Sie hat die Manifestationsmethode zu einer Wissenschaft gemacht. Eine von Rhas Manifestationsgeschichten, die mich wirklich inspiriert hat, war, wie sie ihren Mann, Corey angezogen hat. Sie MANNifestierte zweiundachtzig der vierundachtzig Punkte auf ihrer »Ehemann«-Liste. Ja, genau. Sie erstellte eine Liste aller Eigenschaften, die sie sich bei einem Ehemann wünschte und manifestierte fast alle. Als ich ihre Geschichte hörte, sagte ich: »Nimm mich unter Vertrag und zeig mir, wie es geht!« Sie begann, indem sie mir die Bedeutung von *Fokus* beibrachte. Oft sagte sie: »Es geht nicht um das, was du verdienst, sondern was du dir wünschst.«

Rha hatte keine Angst davor, um das zu bitten, was sie wollte, deshalb kam sie auch auf zweiundachtzig Punkte. Sie brachte mir bei, wie sie ihren Manifestationsprozess handhabte. Sie machte sich zunächst glasklar, was sie wollte, indem sie alles auflistete. Jede Eigenschaft versah sie mit einer Bemerkung, »unabdingbar«, »superwichtig«, »wirklich wichtig« oder »toll«. Dann schrieb sie »ihm« einen Brief. Der Brief entzündete die Gefühle von Liebe und Leidenschaft, die sie sich wünschte. Sie las diesen Brief jeden Abend und erlaubte sich zu fühlen, welche Freude es sein würde, mit ihm zusammen zu sein. Ihre Gefühle führten sie zu einem tiefen Wissen, dass »er« auf dem Weg war. Sie sprach mit ihren Freundinnen über ihre Liste und stand zu ihren Wünschen. Dabei beschloss sie, nicht mit anderen Männern auszugehen, die ihren Kriterien nicht entsprachen. Mit ihren Meditationstechniken und der Macht des positiven Denkens fokussierte sie weiter ihre Vision ihres Ehemannes. Dann lernte sie Corey kennen. Als sie sich das erste Mal begegneten, erkannte sie nicht, dass er »der Eine« sein sollte. Sie zog ihn nicht in Betracht, weil er nicht der war, nach dem sie »suchte«.

Als sie sich jedoch besser kennenlernten, stellte Rha fest, dass sie sich bei ihm genauso fühlte, wie sie sich fühlen wollte. Das war entscheidend. Corey verkörperte fast alles, was auf ihrer Liste stand, bis auf zwei Punkte. Am Anfang hatte Rha sich eher durch den Rahmen als den Inhalt des Bildes abschrecken lassen. Corey war unter eins achtzig und weiß. Der ideale Mann auf Rhas Liste dagegen war schwarz und groß. Es fiel Rha leicht, diese Äußerlichkeiten beiseite zu lassen und den Mann toll zu finden, den sie angezogen hatte. Seitdem sind sie verheiratet.

Rhas Geschichte ist ein gutes Beispiel dafür, dass du mit dem Ergebnis auch hochzufrieden sein kannst, wenn du statt der Zehn nur die Neuneinhalb triffst. Natürlich solltest du auf die Zehn zielen, aber das Universum hat eben oft einen besseren Plan. Also, konzentriere dich auf das, was du haben möchtest, aber bleib offen für alle möglichen Ergebnisse.

Loslassen

Wie du mittlerweile weißt, ist deine Energie niedrig, wenn deine Gedanken negativ sind. Unsere Körper enthalten viel Schuld und Traurigkeit aus unserer Vergangenheit – die alten Erfahrungen, die wir nicht aufgearbeitet haben. Ich hatte diese stagnierende Energie im Kiefer und in den Stimmbändern. Im übertragenen wie im buchstäblichen Sinn gab es etwas, was ich sagen *musste*. Meine ungeheilten Gefühle, nicht gehört zu werden, hatten meine Stimme blockiert. Indem ich meine innere Stimme leugnete, wurde ich nicht nur emotional krank, sondern bekam auch Knoten auf den Stimmbändern. Meine Stimmbänder waren so angegriffen, dass Ärzte vorschlugen, ich solle mindestens einen Monat lang schweigen. Die einzige Alternative war eine sehr gefährliche Operation, und das kam für einen intuitiven Menschen wie mich natürlich überhaupt nicht infrage.

Entschlossen, einen besseren Weg zu finden, wandte ich mich dem Guru zur Manifestation von Gesundheit zu, Louise Hay. Ihr Buch, *Du kannst dein Leben heilen,* hat Tausende von Leben gerettet, auch ihr eigenes. Louise hat ihre Krebserkrankung geheilt, indem sie Angst losgelassen, positive Affirmationen gesagt und kreative Visualisierung praktiziert hat. Sie wusste, dass ihr Gebärmutterhalskrebs aus ungeheilter Wut über eine Vergewaltigung als Kind entstanden war. Bei einer solchen Vergangenheit war es für sie keine Überraschung, dass sie gerade am Gebärmutterhals Krebs bekam.

Da sie Heilung gelehrt hatte, wusste Louise, dass das Universum ihr diese Krankheit geschickt hatte, damit sie ihre Methoden an sich selbst anwenden und mit der Welt teilen konnte. Ihr Glaubenssystem ist: *»Krankheit kann durch einfache Umkehr mentaler Muster umgekehrt werden.«* Ihr Krebs hatte sich manifestiert, weil sie immer noch alte Wut in sich trug. Da ihr das klar war, setzte sie ihre Methoden ein. Indem sie furchtlos den Menschen und Situationen aus ihrer Vergangenheit vergab, heilte sie ihre Emotionen. Und durch Affirmationen und kreative Visualisierung heilte sie ihre körperliche Erkrankung.

Wenn Louise ihre Heilmethode auf Krebs anwenden konnte, dann würde mir das auch bei den Knoten auf meinen Stimmbändern gelingen. Ich hielt mich eisern an ihren Plan. Louises Werk sagte mir, dass die Erkrankung der Kehle daher kam, weil ich »unfähig war, für mich einzutreten, Ärger herunterschluckte, Kreativität unterdrückte und mich weigerte, mich zu ändern«. Und sie hatte sowas von recht! Ich nahm täglich meine »Medizin«, indem ich die Affirmation, die sie für die Kehle entwickelt hatte, rezitierte: *»Es ist in Ordnung, laut zu sein. Ich drücke mich selbst frei und freudig aus. Ich spreche mit Leichtigkeit für mich selbst. Ich drücke meine Kreativität aus. Ich bin bereit, mich zu ändern.«* Als ich meine früheren Ängste, frei zu sprechen, *losließ* und ihre Affirmationen rezitierte, wurden meine Stimmbänder wieder kräftiger. Dann legte ich mit meiner Manifestationsgleichung los, in die ich auch noch kreative Visualisierung aufnahm, eine Art von Meditation, die deine rechte Gehirnhälfte aktiviert. Ich visualisierte, wie weißes Licht in meine Stimmbänder floss. Ich atmete das weiße Licht ein und sah, wie es wie Wasser durch mich hindurchfloss. Bei jedem Einatmen sah ich, wie meine Stimmbänder immer stärker wurden.

Nach und nach verschwanden die Knötchen. Ich wiederholte meine Manifestationsgleichung täglich, dreißig Tage lang. Am Ende des Monats ging ich erneut zum Arzt. Er machte Röntgenaufnahmen meiner Stimmbänder und stellte erstaunt fest, dass die Knoten nicht mehr da waren. »Was haben Sie gemacht?«, fragte er. »Ich habe meine Stimme wieder manifestiert.« (Warnhinweis: Ich will niemandem nahelegen, westliche Medizin oder andere Heiltherapien zu ersetzen, aber du solltest Manifestieren auf jeden Fall in deinen Heilprozess aufnehmen.)

Wissen

Lora verlor ihren Job kurz vor meinem Neujahrsvortrag mit dem Titel »2009 is 2000Mine«. Der Vortrag handelte vom Manifestieren unserer Wünsche im kommenden Jahr. Lora kam mit dem klaren Wunsch nach einem neuen Job zu dem Vortrag. Sie wusste genau, was sie suchte, und sprach voller Selbstbewusstsein darüber. Ihre Hand schoss nach oben, als ich fragte, ob es im Publikum noch Fragen gäbe. Furchtlos verkündete sie in einem Raum mit mehr als achtzig Fremden, dass *Wissen* das einzige Element sei, das ihr in der Manifestationsgleichung noch fehle. Ich ermutigte sie, ihren Wunsch ins Universum zu entlassen.

Ich führte die Gruppe in eine gemeinsame Visualisierung von Lora, die den neuen Job bekam, den sie wollte. Als Gruppe beteten wir für ihren neuen Job und schickten eine kraftvolle Botschaft ans Universum, dass sie bereit zum Empfangen war. (Merke: Gruppengebete sind sehr kraftvoll. Die Macht kollektiver Gedanken schafft eine große Schwingung von Energie, auf die das Universum reagieren kann.) Nach dem Vortrag gab ich Lora ein paar Hausaufgaben mit. Ich sagte ihr, sie solle vor dem Schlafengehen einen intuitiven Brief an das Universum schreiben. In ihrem Brief solle sie ihren Wunsch ins Universum entlassen und ein Wunder erwarten. Sie nahm meinen Rat an und ging nach Hause, um ihren Brief zu schreiben.

Am nächsten Tag bekam ich eine E-Mail von Lora. Im Betreff stand »Erwarte Wunder!«. Ihre Aufregung war durch den Computerbildschirm zu spüren, als sie mir in der E-Mail von ihrer Manifestation berichtete. Am Morgen hatte sie die Nachricht erhalten, dass sie einen Job bekommen hatte, für den sie sich vor einer Woche beworben hatte. Es war nicht nur irgendein Job, sondern es war genau *der* Job, den sie manifestiert hatte! Das Universum hatte auf ihren Fokus, ihre Hingabe und auf den gemeinsamen Glauben reagiert. Ihre Energie harmonierte mit dem Wunsch, und, was noch wichtiger war, sie erwartete ein Wunder. Dieses Wissen machte ihre Manifestation vollständig.

Erschaffe zusammen mit dem Universum

Lass dich von diesen Manifestationswundern dazu inspirieren, zusammen mit dem Universum zu erschaffen. Ich möchte dir gerne einen allgemeinen Überblick über die Gleichung geben, bevor ich dich durch die einzelnen Schritte leite. Der erste Schritt in der Manifestationsgleichung ist, deinen Wunsch zu klären. Klarheit ist so wichtig, weil du ja sicher gehen willst, dass du genau das bekommst, was du haben möchtest. Wenn dein Fokus verschwommen ist, bekommst du auch unklare Ergebnisse. Daher werden die Umdenkschritte dich zur Klarheit führen, damit du eine kraftvoll fokussierte Wunschaussage machen kannst. Diese Aussage wird wesentlicher Bestandteil der Manifestationsgleichung. Deine Wunschaussage nimmst du mit in die Meditation. Im Meditationsschritt werde ich dich zu einem weiteren Fokus führen, indem ich dich auffordere, deinen Wunsch zu visualisieren. In der Meditation werden deine Gedanken ruhig, und deine Energie richtet sich auf die Energiefrequenz des Universums aus.

Der nächste Schritt ist *intuitives Schreiben*. Du wirst deinen Wunsch an das Universum in einem Gebet formulieren. Dieses Gebet ist ein Tool, mit dem du ins *Wissen* kommst. Im Bewegungsschritt wirst du deine Wunschaussage zu einem körperlichen Abenteuer draußen mitnehmen. Das Ziel ist es, deinen Wunsch mit der Erde zu teilen. Du wirst zum Beispiel deinen Wunsch rezitieren, während du einen Berg hinauf wanderst, im Wald läufst oder im Meer schwimmst. Deine Energie und deine Absichten verbinden sich mit der Erde, die dich umgibt. Dieser Schritt wird dir dabei helfen, dich in deinen Wünschen zu erden und die Energie der Erde zusätzlich zur Manifestationsgleichung hinzuzunehmen.

Der letzte Schritt der Gleichung ist Entspannung. Entspannung ist deshalb so wichtig, weil du geduldig sein musst, um deine Wünsche zu empfangen. Wie es schon im *Kurs* heißt: »Jetzt musst du lernen, dass nur unendliche Geduld sofortige Wirkung zeitigt.« Du wirst es sehen, wenn du nur glaubst, also komm zur Ruhe, entspann dich und empfange.

Bevor wir aber in die Manifestationsgleichung einsteigen, möchte ich noch ein paar mögliche Wege erwähnen, mit denen du deine magnetische Energie eventuell blockierst. Es wäre schrecklich, wenn du dir all diese Arbeit machen würdest und unbewusst den natürlichen Flow des Universums blockieren würdest. Die erste Blockade, derer du dir bewusst sein musst, ist Angst oder Zweifel. Wenn Angst oder Zweifel ins Spiel kommen, geh zur Wissensgleichung zurück und richte deine Energie neu mit deinen gewünschten Glaubensannahmen aus. Auch Eifersucht kann dich blockieren. Achte auf alle Eifersuchtsattacken, die andere abbekommen. Statt eifersüchtig auf andere zu sein, beginne zu schätzen, wer sie sind und was sie haben. Eines der Schlüsselelemente des Manifestierens ist Wertschätzen. Wenn du Großartigkeit wertschätzt, schaffst du mehr Gelegenheiten in deinem Leben, um sie anzuziehen.

Eine große Blockade bei der Manifestation deiner Wünsche ist Ungeduld. Geduldig zu sein ist ungeheuer wichtig für den Manifestationsprozess. Viel zu oft stelle ich fest, dass Leute sich selbst blockieren, weil ihr Ego ungeduldig wird und ihnen erklärt, sie würden niemals bekommen, was sie wollen. Ich werde das im letzten Schritt der Gleichung noch einmal ansprechen.

Damit du den Prozess des Manifestierens genießen kannst, darfst du dich nicht für das, was du willst, entschuldigen. Du musst dir selbst erlauben zu wollen, basta. Dein Ego hat dir eingeimpft, dass das Leben hart ist und du für das, was du willst, kämpfen musst. Nun, wie üblich hat das Ego unrecht. Wenn du lernst, kraftvoll zusammen mit dem Universum zu erschaffen, kannst du Freude am Wollen und Empfangen haben. Mache eine Liste von zwei oder drei Dingen, die du manifestieren willst. Du kannst alles, was du willst, manifestieren. Willst du einen Seelengefährten anziehen, einen neuen Job, eine tolle neue Wohnung? Schreibe eine Wunschliste!

Die Manifestationsgleichung

Dreißig Tage, um deine Wünsche zu manifestieren

Schritt eins: Umdenken
Fokus, Fokus, Fokus

In diesem Schritt geht es nur darum, dass du dich auf das, was du bereit bist zu manifestieren, intensiv fokussierst. Beginne damit, das herauszufinden, was du manifestieren willst. Letztendlich wirst du mehr als eine Sache gleichzeitig manifestieren können, aber für den Anfang solltest du dich auf einen einzigen Wunsch konzentrieren. Das kann ein neuer Job sein, eine neue Beziehung, eine Wohnung, bessere Gesundheit, etc. In manchen Fällen willst du vielleicht nur ein besseres soziales Leben manifestieren.

Ganz wichtig bei der Entscheidung, was du manifestieren willst, ist Aufrichtigkeit dir selbst gegenüber im Hinblick auf das, was du willst. Denk daran, wenn deine Wünsche mit negativer Energie behaftet sind oder das Gefühl vorherrscht, »Wenn ich dies oder jenes habe, bin ich glücklich«, dann musst du deine Absichten noch einmal überprüfen. Wenn deine Gefühle in Bezug auf den Wunsch negativ oder bedürftig sind, hat das Universum Probleme, auf diese Schwingung zu reagieren. Daher solltest du etwas wählen, das sich gut für dich *anfühlt*. Und achte auch darauf, dass du nicht etwas wählst, das völlig außer Reichweite liegt. Lisa zum Beispiel wollte mehr Geld verdienen. Als sie ihre Absicht festlegte, erklärte sie zunächst dem Universum gegenüber, sie wolle ihr aktuelles Gehalt verdreifachen. Dieser Wunsch rief ihr Ego auf den Plan. Weil sie sich nicht mit dem Wunsch im Einklang *fühlte*, griff ihr Ego ihre innerliche Angst auf, diese Summe nicht erreichen zu können. Daher strampelte Lisa sich immer weiter mit dem Wunsch ab, mehr Geld verdienen zu wollen, denn ganz gleich, wie intensiv sie daran *dachte*, sie hatte nicht das Gefühl, so viel verdienen zu können. Es ist zwar klasse, groß zu denken, aber du musst darauf achten, dass deine großen Ideen keine Angst auslösen. Wenn deine Wünsche dir irgendwie unbehaglich sind, dann ist das ein sicheres Zeichen dafür, dass du deinen Wunsch neu ausrichten musst.

Und jetzt ist es an der Zeit, dich sogar noch mehr auf deinen Wunsch zu konzentrieren. Wenn du zum Beispiel einen neuen Job willst, erstelle eine Liste, welches Gefühl der Job dir gibt, und was er zu bieten hat. Zum Beispiel:»Ich habe einen Schreibtisch am Fenster, mein Chef behandelt mich sehr gut, ich bin krankenversichert, ich kann ohne Angst meine kreativen Gedanken und Ideen äußern.« Schreibe alles genau auf. Denk daran, auf Rhas MANNifestationsliste standen vierundachtzig Punkte. Sie hat nicht gerade klein angefangen. Entschuldige dich nicht für deine Wünsche und stelle sicher, dass du dich gut fühlst, wenn du sie auflistest.

Definiere deine Wünsche klar und deutlich
Schreibe anhand deiner Liste ein Statement, in der du deinen Wunsch klar definierst. Loras Wunsch-Statement sah zum Beispiel so aus:»Ich wünsche mir einen neuen Job im Bereich Reise-PR. Mein Gehalt hat sich verdoppelt, und ich liebe mein Arbeitsumfeld. Meine Arbeit dient der Welt, weil ich Menschen helfe, mehr über neue Kulturen zu erfahren.« Sie hat ausdrücklich erwähnt, wie ihr Wunsch dem übergeordneten Wohl dient. Vergiss nicht, wenn dein Wunsch in Einklang mit dem übergeordneten Wohl ist, schwingt das Universum mit.

Jetzt kannst du dein Wunsch-Statement überall hin posten. An den Kühlschrank, an den Spiegel, an den Computer, etc. Achte darauf, dass du dein Statement so oft wie möglich siehst, um deinen Wunsch zu wiederholen. Jeder, der schon einmal in meinem Badezimmer war, weiß, dass ich ein Wunsch-Statement-Fanatiker bin. Über zwei Jahre lang stand bei mir auf beiden Badezimmerspiegeln:»Ich bin eine veröffentlichte Autorin.« Und weißt du was? Es hat funktioniert.

Teile deinen Wunsch mit deinen Lieben

Erzähle in den nächsten dreißig Tagen allen von deinem Wunsch. Lies dein Statement jeden Abend vor dem Schlafengehen, und hoffentlich entzünden die Worte ein Gefühl in dir, das positive Schwingungen ins Universum sendet. Schaffe jeden Tag mehr positive Energie, indem du deine Wünsche mit anderen teilst. Verbinde dich mit den Freunden, die deine Manifestationstools verstehen, und teile dein Statement mit ihnen. Wenn sie dich unterstützen, unterstützen sie deine Träume.

Visionen erschaffen

Fokussiere deine Wünsche noch stärker mit einem Visionboard. Visionboards bieten Raum für Bilder, die deine Wünsche anerkennen. Du kannst ein Korkbrett, eine Leinwand oder sogar eine Magnettafel nehmen. Häng Bilder, Gedichte, Zitate daran – alles, was dir ein Gefühl dafür gibt, mit deinem Wunsch in Einklang zu sein. Wenn du zum Beispiel deine Energie darauf fokussierst, einen Ehemann zu finden, dann häng Bilder von Hochzeitsringen, glücklichen Paaren, Hochzeitseinladungen usw. daran. Achte darauf, dass diese Bilder ein *Gefühl* des Glücks bei dir auslösen.

An meinen Visionboards hängen Fotos von Zeitschriften, in denen über mich berichtet werden soll, ein Foto von Oprah neben einem Bild von mir, Surfboards und Verlobungsringe. Ich kann kaum zählen, wie oft mein Visionboard lebendig wird. Jedes Mal, wenn ich die Bilder ansehe, entzünde ich die fokussierte Energie in mir, die dann Botschaften in den Äther sendet. Ich habe einmal eine E-Mail von der *Huf-*

fington Post erhalten, mit der Anfrage, ob ich für sie bloggen wolle. Ich schrieb zurück: »Danke für die E-Mail. Ich habe schon darauf gewartet.« Das *Huffington Post*-Logo hing mehr als zwei Jahre an meinem Visionboard. So etwas passiert mir ständig! Häng in den nächsten dreißig Tagen jeden Tag ein neues Bild auf.

Schritt zwei:
Empfangen (Meditieren/intuitiv schreiben)
Beim Manifestieren lädt die Meditation das Universum in den Prozess ein. Es gibt eine Morgenmeditation zum Erschaffen und eine Abendmeditation zum Bedanken. Indem du das Universum ehrst, weil du Mit-Schöpfer sein darfst, verstärkst du deine verbundene Energie und weitest dadurch deine Anziehungskraft aus.

Morgenmeditation
Eine Morgenmeditation stimmt dich auf den Tag ein und verbindet dich von Anfang an mit deiner Energie. Wenn du schon beim Aufwachen deine gewünschte Absicht festlegst, erhöhst du deine Anziehungskraft und gibst ein kraftvolles Statement ans Universum ab. Nicht nur wird dein Tag dann problemloser ablaufen, sondern du aktivierst auch deinen Wunsch. Deine morgendlichen Bitten werden in den Äther hinausgeschickt. Genieße in den nächsten dreißig Tagen eine Morgenmeditation, um deine Mit-Schöpfung anzukurbeln.

> *Setz dich sofort nach dem Erwachen im Bett auf.*
> *Schließ die Augen und atme tief durch die Nase ein*
> *und durch den Mund aus.*
> *Danke dem Universum für einen weiteren schönen Tag.*
> *Bringe deine Gedanken und Wünsche mit der Liebe deiner*
> *Intuition in Einklang.*

Sprich dein Wunsch-Statement laut aus.
Danke dem Universum, dass es sich um diesen Wunsch
  kümmert und dich zu deinen Visionen führt.
Forme im Geiste eine Vision von deinem Wunsch.
  Sieh sie klar vor dir.
Stell dir vor, dass weißes Licht hineinfließt.
Sieh, wie das weiße Licht immer weiter in den Wunsch
  hineinfließt, und entspanne dich in der Vision.
Meditiere über dieser Vision mindestens fünf Minuten lang.
Wenn du fertig bist, danke dem Universum erneut und sage:
  »Ich übergebe dies dem Universum, und ich weiß, ich
  werde geführt.«

Abendmeditation

Wenn du vor dem Einschlafen meditierst, hilft dir dies, in einen friedvollen Zustand zu kommen und sicherzustellen, dass du ruhiger schläfst. Eine Abendmeditation zur Manifestation ist auch eine optimale Gelegenheit, um dem Universum für die Fülle zu danken, die du während des Tages erfahren hast. Nutze diese Zeit, um dich mit Gefühlen der Dankbarkeit und Wertschätzung für alles zu verbinden, was du aktuell hast. Freu dich, dass deine Wünsche auf dem Weg sind.

Setze dich in den nächsten dreißig Tagen vor dem Schlafengehen in dein Bett und folge dieser Meditation.

Danke, Universum, für die Führung und Liebe des heutigen
  Tages.
Danke, dass du meine Wünsche entgegennimmst und sie
  wahr werden lässt.
Danke, dass du meine Gedanken zu liebenden Wahrnehmungen führst und meine Energie im Einklang mit meinen
  Visionen hältst.
Ich empfinde Dankbarkeit für diesen schönen Tag, und im
  Schlaf entlasse ich meine Wünsche an dich.

Sage laut und stell es dir dabei vor:

*Ich weiß, dieser Wunsch ist auf dem Weg, und ich heiße ihn
in der bestmöglichen Form willkommen.
Es ist entweder genau das, was ich wollte, oder etwas Besseres.
Ich werde empfangen.*

Intuitives Schreiben

Schreibe nach deiner Morgenmeditation intuitiv fünf Minuten lang. Entlasse deinen Wunsch noch einmal ins Universum durch dieses freie Schreiben. Schreibe aufrichtig über ungeduldige oder möglicherweise negative Gefühle oder Gedanken, die aufkommen. Benutze diese Schreibübung, um negative Energien vom Tag fernzuhalten. So kannst du sicher sein, dass deine Anziehungskraft gestärkt und energetisch in Einklang mit dem übergeordneten Wohl ist. Schreibe dich intuitiv in einen friedvollen Geisteszustand und entlasse deinen Wunsch ins Universum.

Indem du deine Wünsche durch Meditation und intuitives Schreiben loslässt, kommst du in einen Zustand, in dem du weißt, dass alles, was du willst, auf dem Weg ist. Um diesen positiven Energiefluss zu erhalten, musst du dreißig Tage lang so verfahren.

Schritt drei: Umdenken und bewegen

Geh nach draußen und bewege dich. Wenn du dich draußen bewegst, erdest du deine Energie mit der Erde. Wähle eine Aktivität, die dich wirklich mit der Erde verbindet. Wandere in den Bergen, jogge im Park, schwimm in einem See oder im Meer. Ich zum Beispiel liebe Surfen. Wenn du am Meer wohnst, ein Surfbrett hast und jemanden kennst, der es beherrscht, dann stürz dich in die Fluten! (Geh auf Nummer sicher und informiere vorher jemanden über das, was du tust, damit er auf dich aufpassen kann.)

Ich habe mich mit dem Surfguru Bill Hamilton (dem Vater der Surflegende Laird Hamilton) angefreundet, als ich auf Hawaii war. Bills Liebe zum Surfen hat viel mit der magnetischen Energie zu tun, die er spürt, wenn er im Meer surft. Bill sagt: »Ich habe mein ganzes Leben im Meer gesurft, und das hat mich zu so etwas wie einem Magneten gemacht. Ich glaube, ich habe so viel positive Energie vom Ozean aufgenommen, dass ich zwangsläufig immer mehr positive Menschen und Erfahrungen anziehe. Surfen ist magnetisieren.« Das unterstreicht noch die Botschaft, dass Bewegung in der Natur deinen inneren Magneten aktiviert. Endorphine werden dadurch ausgeschüttet und deine glücklichen Schwingungen fließen. Glückliche Schwingungen gleich positive Anziehungskraft. Wenn sich deine Energie hebt, wirst du spüren, wie das Leben reicher wird, und auch du ziehst dann immer mehr Schönes an. Denk daran, um etwas anzuziehen, musst du deine Energie mit deinen Wünschen in Einklang bringen, also nimm diesen Schritt nicht zu leicht. Wenn du wirklich bereit bist, Größe zu empfinden, geh nach draußen und beweg dich.

Schritt vier: Entspannen
Eine meiner Intuitions-Mentorinnen, Brooke Emory, die Gründerin der Attraction Boutique, ist eine Power-Manifestatorin. Brooke sagt: »Manchmal sagen die Leute: ›Warum ist es denn noch nicht passiert?‹ Wenn du das sagst, verpatzt du deine Schöpfung.« Brooke hat recht. Geduld ist eine der wichtigsten Komponenten des Manifestationsprozesses. Deshalb habe ich auch Entspannung in dieser Gleichung untergebracht. Es wäre wirklich schlimm, wenn du dir all die Manifestationsarbeit gemacht und dich dann selbst blockiert hättest, weil du keine Geduld mehr hast. Geduld spielt bei Manifestation eine überaus wichtige Rolle.

Jessica zum Beispiel befolgte peinlich genau ihre Manifestationsrichtlinien. Sie gelangte bis zu einer Stelle, wo sie wirklich wusste, dass ihr Wunsch nach einem Freund auf dem Weg war. Dann fingen alle ihre Freundinnen an, sich zu verloben. Sie geriet in Panik und warf ihre Intuition aus dem Fenster. Sie wurde unglaublich ungeduldig und fragte sich ständig, wann und wo sie endlich ihren Mann treffen würde. Diese Energie blockierte die Anziehung des Wunsches beträchtlich. In der Hoffnung, sie zu beruhigen, bot ich ihr ein Tool zur Entspannung an. Ich erinnerte sie daran, dass das Universum so etwas wie ihre beste Freundin ist, und fragte sie, ob sie auch ihre Freundinnen so bedrängen würde, endlich einen Mann für sie zu finden. »Nein, natürlich nicht«, antwortete sie. Dann fragte ich sie, ob ihre Freundinnen nicht auch wollten, dass sie die wahre Liebe findet, und ob sie ihr nicht wirklich helfen wollten. Sie sagte: »Doch, natürlich wollen sie mir helfen. Sie können es gar nicht erwarten, dass ich mich endlich verliebe.«

Ich erklärte ihr, dass es beim Universum nicht anders war als bei ihren Freundinnen. Das Universum möchte auch, dass Jessica sich verliebt und glücklich ist. Ich riet ihr, sich zu entspannen und so beruhigter an die Manifestationsgleichung heranzugehen. Vor allem solle sie mit dem Universum kommunizieren, als seien sie beste Freundinnen, die sich gegenseitig unterstützen. Sie kapierte, was ich ihr sagen wollte, und es half ihr wirklich dabei, sich zu entspannen. Blockiere dich nicht selbst, indem du ungeduldig bist. Du weißt doch, dass alles, was du willst, auf dem Weg ist, und wenn du nicht bekommst, was du willst, dann liegt es daran, dass das Universum einen besseren Plan hat.

KAPITEL 12

Nimm mehr Intuition in dein Leben auf

Alle Angst ist vergangen, und nur die Liebe ist da.
Kannst du dir vorstellen, was es heißt, keine Sorgen,
keinen Kummer und keine Ängste zu haben, sondern die ganze
Zeit über einfach vollkommen ruhig und still zu sein?

EIN KURS IN WUNDERN

Der Schlüssel zum Glück ist die Entscheidung,
glücklich zu sein.

Marianne Williamson, RÜCKKEHR ZUR LIEBE

Als ich dreizehn war, rezitierte ich einen Monolog aus dem *Tagebuch der Anne Frank* vor einem Saal voller fremder Leute. Über die Aufführung oder auch über die Proben vorher weiß ich kaum noch etwas. Aber ich erinnere mich daran, wie ich mich fühlte, nachdem ich auf der Bühne Anne Franks Worte aus ihrem Tagebuch rezitiert hatte. Ich fühlte mit überwältigender Gewissheit, dass es erhabenere Arten gab, die Welt zu sehen, als ich sie bisher wahrgenommen hatte. Meine pubertären Mini-Dramen waren lächerlich im Vergleich mit dieser »anderen Art« zu leben. Der Monolog entsprach mir auf einer Ebene, die ich erst viele Jahre später verstehen konnte.

Anne Franks Monolog begann damit, dass sie durch ein Dachfenster glücklich zu einem schönen Himmel aufschaut. Es war unglaublich, wie sie in dieser verzweifelten Situation in ihrem Versteck vor den Nazis noch Freude empfinden konnte. Obwohl sie auf dem Dachboden gefangen war, hatte Anne Frank irgendwie einen Weg hinaus gefunden. Sie erzählt ihrem Freund Peter, dass sie sich aus der Situation heraus *denkt*, wenn sie sie nicht mehr aushalten kann. Dann stellt sie sich vor, wie sie durch einen Park spaziert, »wo an den Hängen Krokusse, Narzissen und Veilchen blühen«. Und das Wundervollste an diesen Gedankenausflügen, führt sie aus, sei, dass sie einem jederzeit zur Verfügung stehen. Mitten im Terror hatte Anne Frank zu ihrer Intuition gefunden.

Sie hatte das mächtigste Instrument entdeckt, zu dem der Mensch Zugang hat – die Macht des Geistes. Indem sie sich mit ihrer Intuition verband, konnte sie in einem Augenblick Liebe wählen und sich von aller weltlichen Angst befreien. Anne Frank hatte gelernt, was der Kurs lehrt: »Nur Liebe ist real«. Sie konnte jeden Tag zwischen der Angst vor dem Holocaust oder der Liebe ihrer Intuition wählen. Anne Frank wählte die Liebe.

Und weil sie in der Liebe lebte, fand sie auch zum Glauben. Ihr Monolog schloss mit dem Gedanken, dass die Welt »nur eine Phase durchmachte«. Sie sprach von ihrem Vertrauen in die Freundlichkeit der Menschen und von dem Glauben daran, dass all das Entsetzen vergehen würde. Sie sagte: »Ich glaube immer noch, trotz allem, dass die Menschen im Herzen wirklich gut sind.« Da sie beschlossen hatte, die Liebe über die Angst zu stellen, hatte sie Hoffnung in der liebevollen Stimme ihrer Intuition gefunden.

Trotz meines Alters und meiner Lebensumstände fühlte ich mich mit Anne Franks Glauben verbunden. Ihre Vision inspirierte mich. Ich fühlte, wie ihr Geist mich mit der sanften Erinnerung berührte, alle müßigen Gedanken loszulassen und die liebevolle Stimme meiner Intuition zu wählen. Mit fünfzehn Jahren hatte Anne Frank ein inneres Wissen, dass die beste Art zu leben war, sich für das Glücklichsein zu entscheiden. Obwohl sie unter den entsetzlichsten Umständen lebte, sah sie die Welt mit Liebe statt mit Angst.

Es gab viele Augenblicke in meinem Leben, in denen Anne Franks Inspiration mein Ego unterbrochen hat. Der Alptraum meines Egos setzte sich bei mir von frühester Jugend bis zum Alter von fünfundzwanzig immer weiter fort. Während dieser

Zeit in meinem Lebens fühlte ich mich verloren, abgeschnitten, außer Kontrolle, wütend und angsterfüllt vor allem und jedem. Ich hatte mit Ängsten aus der Vergangenheit zu kämpfen sowie mit Ängsten vor der Zukunft. Ich lebte in der Dunkelheit mit dem konstant unzufriedenen Gefühl, dass es eine bessere Art zu leben geben müsse. Eine Art zu leben, die ich früher gekannt hatte, zu der ich aber irgendwie den Kontakt verloren hatte. Ich hatte den Wunsch, zu diesem besseren Weg zurückzufinden.

Kurz bevor ich ganz am Boden lag, fühlte ich den starken Drang, zu Anne Franks Worten zurückzukehren. Also begann ich, eines Tages ihr Tagebuch noch einmal zu lesen. Ich fand Inspiration in jedem einzelnen Wort des jungen Mädchens, das sich in der dunkelsten Zeit dafür entschieden hatte, im Licht zu leben. Vor allem ein Abschnitt traf mich mitten ins Herz: »Jeder hat in sich etwas Gutes. Gut ist, dass du gar nicht weißt, wie großartig du sein kannst. Wie sehr du lieben kannst! Was du leisten kannst! Und was dein Potenzial ist!« Als ich das las, hatte ich das Gefühl, Anne Frank spräche direkt zu mir. Rückblickend ist mir klar, dass sie das auch tat. Damals hatte ich wirklich den starken Wunsch und die Offenheit, das Leben anders zu sehen, und diese Offenheit führte mich zu ihren Worten als einer Quelle der Inspiration.

Anne Frank konnte Licht und Wunder in ihrem Versteck vor den Nazis finden, weil sie beschloss, die Welt mit den Augen ihrer Intuition zu sehen. Anne Franks Hingabe an ihre Intuition entzündete meine Suche nach Glück und inspirierte mich, mein Leben zu ändern. Die liebevolle Energie hinter ihren Worten erinnerte mich daran, dass die Liebe und das Glück, das ich im Außen suchte, in Wirklichkeit nur im Innern für mich zur Verfügung standen.

Durch diese göttliche Intervention kam ich auf den rechten Weg, verband mich letztlich mit meiner Intuition und widmete ihr mein Leben. Mit jedem Tag kam mehr Intuition hinzu. Und mit jedem Tag kam ich dem »glücklichen Traum« näher. (Der »glückliche Traum« findet laut *Kurs* statt, wenn dein Geist sich entschieden hat, Angst und Leiden des Egos zu korrigieren und über seine Illusionen hinauszusehen.) Ich stellte fest, dass jeder Augenblick, in dem ich lebe, eine neue Gelegenheit ist, meinen Willen und mein Leben meiner Intuition zu übergeben und mich führen zu lassen.

Jetzt bin ich jeden Tag dazu bereit, Licht statt Dunkelheit zu wählen. Ich bin dankbar dafür, die Dunkelheit meines Egos hinter mir gelassen und mich für das Licht entschieden zu haben. Jeden Tag bin ich entschlossener, das Leben durch das Licht meiner Intuition zu sehen. Ich bitte und ich empfange. Ich werde meiner inneren Führung nie den Rücken zukehren. Wie meine liebe Freundin Anne bin auch ich dem Licht verpflichtet.

Anne Frank inspiriert mich jeden Tag. Während ich dieses Buch schrieb, bat ich meine Intuition um Führung und fragte: »Wie kann ich die Leser in das letzte Kapitel schicken? Wie kann ich sie im letzten Kapitel ermutigen, immer das Licht zu wählen?« Meine innere Stimme sagte: »Erinnere sie an Anne Frank.« Tränen traten mir in die Augen, als ich wieder mit ihrem Glauben verbunden war. Und ich stellte fest, dass es wirklich kein besseres Beispiel gibt, um dich zum Licht zu führen.

Und so ist Anne Franks Glaube an Menschlichkeit und Frieden das, was ich dir mit diesem letzten Kapitel nahebringen möchte. Erkenne ihre bewusste Entscheidung, inmitten endloser Dunkelheit das Licht zu sehen. Ihre Entscheidung, die liebevolle Stimme ihrer Intuition zu wählen, um sie aus der Dunkelheit zu tragen, die sich über die Welt gesenkt hatte. Beweise für ihre Wahl finden sich überall in ihrem Tagebuch. »Ich denke nicht an all das Elend, sondern an die Schönheit, die immer noch bleibt ...« Anne Franks Glaube an das Glück führte sie dazu, im »glücklichen Traum« zu leben statt in der Dunkelheit, die ihre Realität wurde. Am meisten jedoch inspiriert mich, wie sie sich in der schrecklichen Dunkelheit dafür entschied, das Licht zu sehen.

Und darum bitte ich dich heute auch. Entscheide dich dafür, das Licht zu sehen. Ganz gleich, wie deine Lebensumstände sind, eine liebevolle Sicht steht dir immer offen. Du kannst jederzeit statt der Dunkelheit das Licht wählen. Beginne langsam, wenn es sein muss. Wache morgen früh auf und beschließe, volle vierundzwanzig Stunden lang glücklich zu sein. *Wähle* einen ganzen Tag lang, jede Situation aus einer liebevollen Perspektive zu sehen, ganz gleich, wie schwierig sie dir im Moment erscheinen mag. Jedes Mal, wenn jemand etwas tut, was dich ärgert, dann *wähle*, ihm zu vergeben. Wenn ein angsterfüllter Gedanke auftaucht, übergib ihn deiner Intuition, damit er wieder in Liebe verwandelt wird. Lass die Zukunft los und konzentriere dich auf die Liebe im gegenwärtigen Augenblick. Und wenn du am nächsten Tag aufwachst, beginnst du wieder von vorne. Baue Tag für Tag deine Intuition auf.

Schließlich wirst du wissen, dass du geführt wirst, und dass das Universum dir zur Seite steht. Wenn du deine Gedanken änderst, wirst du jedes Mal Wunder erwarten. Und die, die um dich herum sind, wirst du inspirieren, weil du auf so einer positiven Frequenz schwingst. Mühelos werden dir tolle Sachen zufallen, und du wirst glücklich sein.

Das klingt gut, oder? Nun, ich habe noch ein paar aufregende Neuigkeiten für dich: *du* weißt schon, wie du Zugang zu deiner Intuition findest, und du weißt, was du täglich tun musst, um im Glücksflow zu sein. Jeder Augenblick, in dem du statt des Egos die Intuition gewählt hast, hat dich näher zum Licht und zu einem glücklicheren Geisteszustand geführt. Der Eifer, mit dem du jede Intuitionsgleichung durchgearbeitet hast, hat die Dunkelheit deines Egos mit dem Licht deiner Intuition erhellt. Du hast dich mit mir auf die Reise begeben, um die Dunkelheit ans Licht zu bringen. Aber hör jetzt nicht auf! Ich bitte dich, mit deiner Intuitionsarbeit weiterzumachen, wenn du dieses letzte Kapitel gelesen und das Buch zugeschlagen hast. Erlaube dir selbst, immer mit dem Licht deiner Intuition zu leben.

Ich möchte dir in diesem Kapitel nahelegen, jederzeit deine Intuition deinem Ego vorzuziehen. Das Ergebnis wird der »glückliche Traum« sein. Im »glücklichen Traum« lebst du glücklich und erfährst das Leben mit den Augen der Liebe, ganz gleich, wie schwierig deine Lebensumstände sein mögen. Wenn du diese Art zu leben wählst, willst du richtig loslegen. Du bist bereit, deine Macht und dein Glück wahrzunehmen und im Licht zu leben.

Wunder bewirken

Im *Kurs* steht: »Die Dunkelheit in dir wurde dem Lichte überbracht.« Indem du das Glück des Lichtes wählst, hast du dich entschieden, ein Wunderwirker zu sein. Da du deine Wahrnehmung je nach Bedarf veränderst, hast du Wunder in deinem eigenen Leben und im Leben anderer bewirkt. Ob es dir bewusst ist oder nicht, die Energieverschiebung hat die Welt um dich herum geändert. Deine Freunde haben vielleicht die Veränderungen in dir bemerkt und beschlossen, diese Sache mit der Intuition selber auszuprobieren. Oder du hast jemandem vergeben, und seitdem ist die Beziehung zu ihm sehr viel liebevoller. Alle diese Wunder haben dich, die Menschen um dich herum und die Welt positiv berührt. Bewirke weiter Wunder. Wenn du das tust, wirst du mit mir im »glücklichen Traum« sein.

Du denkst vielleicht: »Das klingt ja ganz nett, aber sie hat gut reden. Sie lebt ja für dieses Glückszeug.« Aber so redet nur dein Ego. Es wird versuchen, dich davon abzuhalten, ein Wunderwirker zu sein, und nicht wollen, dass du ein glückliches Leben führst. Das Ego wird sagen: »Wer bist du schon, dass du glücklich sein willst? Du kannst so nicht leben! Du kannst doch nicht einfach in einem glücklichen Geisteszustand leben.«

Höre ihm nicht zu. Mittlerweile weißt du, dass du so einen Ego-Angriff jedes Mal zu erwarten hast, wenn du dich zum Licht wendest. Da du dir jetzt über die Trickkiste des Egos im Klaren bist, hast du zwei Optionen: Wähle das Licht deiner Intuition oder die Dunkelheit deines Egos. Es ist eine Sache, die Intuition zu wählen, wenn das Leben hart ist und du am Boden liegst, aber sie immer zu wählen, ist etwas ganz anderes. Wenn du das Licht in Erwägung ziehst, stell dir die folgenden Fragen: *Bist du bereit, dein Leben zu ändern und in jedem Augenblick deine Intuition statt deines Egos zu wählen? Bist du bereit, allem und jedem um dich herum zu vergeben, wann immer es nötig ist? Bist du bereit, glücklich zu sein?* Wenn du alle Fragen mit »Ja« beantwortet hast, bist du bereit, noch mehr Intuition in dein Leben aufzunehmen.

Den »glücklichen Traum« wählen

Du kannst genug Intuition aufnehmen, um im »glücklichen Traum« zu leben. Sei einfach bereit, dich dafür zu entscheiden. Triff die Wahl, das Ego loszulassen und hör auf, dich klein zu machen. Lache über die albernen Geschichten des Egos. Bitte um Hilfe, um deine angsterfüllten Gedanken loszulassen. Indem du mit deiner Intuition kommunizierst, kannst du dein Ego in einem Augenblick loslassen. Der Kurs bezeichnet ihn als »heiligen Augenblick«. Jede Intuitionsgleichung führt dich zum »heiligen Augenblick«. Diese Augenblicke sind einfach Momente, in denen du bereit bist, dein Ego deiner Intuition zur Wandlung anzubieten. Du verspürst sofort ein Gefühl der Erleichterung und bist im Einklang mit deiner wahren liebenden Essenz. Übergib jedes Problem in deinem Leben deiner Intuition. Diese Hingabe an intuitives Denken bedeutet nicht, dass du nicht auch einmal einen angsterfüllten Gedanken hast. Aber du erfährst Angst anders, wenn du stattdessen die Liebe wählst.

Mehr Intuition aufnehmen

Der *Kurs* lehrt: »Ein ungeschulter Geist kann nichts erreichen.« Da du jetzt die Intuitionstools in der Tasche hast, leugne sie nicht. Greif zu deiner Intuition, um deinen Geist jederzeit zu schulen. Je häufiger du dies tust, desto näher kommst du an den »glücklichen Traum«. Der erste Schritt ist Bereitwilligkeit. Deine Bereitwilligkeit ist die Voraussetzung für das Gelingen des Prozesses. Als nächstes nutzt du das Umdenken, um zu lernen, wie du den »heiligen Augenblick« wählst. Indem du den »heiligen Augenblick« wählst, lässt du deine Intuition ihr Ding machen. Dann mischst du Bewegung mit deiner neuen Affirmation: »Ich bin bereit, alle meine Ängste meiner Intuition zu übergeben.« Du kannst diese Affirmation mit jeder Art von Bewegung verbinden. Wende sie an. Dann wirst du in eine Meditation geführt, in der du deine Gedanken noch weiter in Einklang mit deiner Intuition bringst. In deiner Meditation kannst du jedes Problem deiner Intuition zur Heilung übergeben. Du brauchst nur zu vertrauen und still zu sein. Lass dich von deiner Intuition durch diese Transformationsmeditation führen. Danach schreibst du intuitiv über deine Wunder. Du dokumentierst die Arbeit, die du getan hast, und die wundersamen Veränderungen, die du bewirkt hast. Bewahre das, was du intuitiv geschrieben hast, in einem Ordner auf, damit du jederzeit darauf zugreifen kannst, um dich inspirieren zu lassen.

Die Gleichung, um mehr Intuition aufzunehmen

Schritt eins: Bereit sein

Sei bereit, die Welt durch Annes Augen zu sehen, mit ihren Worten. »Ich habe festgestellt, dass immer noch Schönheit übrig ist – in der Natur, im Sonnenschein, in der Freiheit, in dir selbst; sie kann dir helfen. Schau diese Dinge an, und dann finde dich wieder und Gott, und dann kommst du wieder ins Gleichgewicht.« Bevor du beginnst, die Tools in dieser Gleichung zu benutzen, solltest du deine Absicht dem Universum bekanntgeben. Sage einfach laut: »*Ich bin bereit, alle meine Ängste meiner Intuition zu übergeben.*« Indem du diese Absicht von Anfang an kundtust, stellst du dich sofort auf einen rasanten Intuitionsritt ein. Halt dich fest und erwarte Wunder.

Schritt 2: Umdenken:
Wähle einen »heiligen Augenblick«
Vergeben

Beginne mit dem Umdenken, indem du den Gedanken des Egos vergibst. In diesem Schritt hört deine Intuition zu und führt dich zu einer vorurteilsfreien, geduldigen und sanften Haltung deinem Ego gegenüber, als sei es ein ungehorsamer Hund, der ohne Leine herumläuft. Du entscheidest dich, ruhig zu bleiben und kannst sogar über den Unsinn, den das Ego von sich gibt, lachen. Der Schlüssel zum Erfahren des »heiligen Augenblicks« ist es, sich der Macht des Egos bewusst zu sein.

Greif zum Telefon und ruf deine Intuition an

Sei auf der Hut vor dem Moment, in dem dein Ego mit Angst aus der Vergangenheit und vor der Zukunft wieder auftaucht. Statt auf die Angst hereinzufallen, kannst du den Spieß umdrehen und den Angriff des Egos erkennen. Wenn du das

Gefühl hast, deine Intuition sei bedroht, hör sofort auf, greif zu deinem Handy und rufe deine Intuition an. Nimm tatsächlich dein Telefon in die Hand. Das ist eine tolle Sache, wenn du gerade im Büro, auf der Straße oder sonst irgendwo in der Öffentlichkeit bist. Das Handy macht es möglich, dass du laut sprechen kannst, ohne gleich wie ein Freak zu wirken. Tu so, als würdest du wählen, und bitte deine Intuition, diese Angst gegen einen friedvolleren Gedanken auszutauschen. Sage laut: »*Ich wähle Vergebung und sehe diese Situation mit Liebe. Intuition, bitte, verwandle meine Gedanken und meine Sichtweise.*«

Vertrauen
Vertrauen zu deiner Intuition zu haben ist wichtig, um den »heiligen Moment« zu erschaffen. Wenn du feststellst, dass dein Ego dir auflauert, nimm ein *Kurs*-Zitat zu Hilfe. »*Vertrauen würde jedes Problem jetzt regeln.*« Denke an diese Botschaft aus dem *Kurs*, um voll auf deine Intuition zu vertrauen. Sie wird dich immer leiten.

Schritt drei: Umdenken und bewegen
Geh tanzen, klettern, Trampolinspringen, Einradfahren, wandern, schwimmen, walken, joggen, Drachenfliegen, Rollerbladen, alles, was du willst, nur *beweg dich*! Und vergiss nicht, deine intuitiven Affirmationen mitzunehmen. *Ich bin bereit, alle meine Ängste meiner Intuition zu übergeben.* Geh auf die Reise zu deinem »glücklichen Traum«. Heiße bei jedem Abenteuer Wunder willkommen und hab Spaß!

Schritt vier:
Empfangen (Meditieren/intuitives Schreiben)
Meditieren
Der entscheidende Schritt zur Erschaffung des heiligen Augenblicks ist, dein Ego für die Heilung durch Meditation zu

deiner Intuition zu leiten. Sobald du dein Problem mit den Augen deiner Intuition siehst, meditiere, damit deine Intuition sich an die Arbeit machen kann. Dieser »heilige Augenblick« entsteht mitten in einer Meditation, in der du dein Ego deiner Intuition übergibst und um Hilfe bittest. Entspann dich und lass deine Gedanken sich verwandeln. Wenn du dich auf etwas fokussieren musst, rezitiere einfach dein Mantra, *Ich bin bereit, alle meine Ängste meiner Intuition zu übergeben.* Wiederhole dieses Mantra, bis du eine Veränderung spürst.

Intuitives Schreiben

Nach deiner Meditation schreibst du intuitiv über die Erfahrung. Achte darauf, wie deine Gedanken sich verändert haben und sanfter geworden sind. Ehre alle Veränderungen, ob groß oder klein. Denk daran, was der *Kurs* uns lehrt: »(Es gibt) keine Rangordnung der Schwierigkeit bei Wundern (...).« Jede Veränderung ist ein Wunder. Ehre sie alle.

Schreibe intuitiv eine Viertelstunde lang, wobei du über alle Wunder nachdenkst, die du auf deiner intuitiven Reise bis jetzt angesammelt hast. Sei stolz auf die wundersamen Veränderungen, die du bewirkt hast. Liebe dich selbst, weil du furchtlos über die Brücke von deinem alten Leben in den »glücklichen Traum« gegangen bist.

Und nun, meine liebe Freundin, muss ich dich auf den Weg schicken. Ich danke dir, dass du diese Reise mit mir angetreten bist. Ich ermutige dich, weiter mit deiner Intuition zu arbeiten. Du weißt, du kannst in jedem Moment um ein Wunder bitten und dich dafür entscheiden, die Welt mit Liebe zu sehen. Ich würdige deine Hingabe an deine Intuition. Ich hülle dich in Liebe ein und entlasse dich mit einer letzten Botschaft aus dem *Kurs*: »Wer würde denn versuchen, mit den winzigen Flügeln eines Spatzen zu fliegen, wenn die große Macht eines Adlers ihm gegeben ist?«

Teile dein Licht. Erwarte Wunder. Würdige die Stimme deiner Intuition.

Alles beginnt.

DANKSAGUNGEN

Zuerst und vor allem danke ich meiner Familie. Mom, du bist meine Seelengefährtin und meine beste Freundin. Danke, dass du mir die wahre Bedeutung von Liebe und Intuition beigebracht hast. Dad, du bist mein Lehrer und mein größter Fan. Danke für deinen Glauben an meine Vision und deine Hingabe an das Licht. Mein Bruder, Max, niemand ist cooler als du, Bruder. Tante Hattie, danke für deine unzähligen Anmerkungen, für dein Coaching und deine Inspiration. Grammy, danke, dass du mich darauf hingewiesen hast, dass Licht auch durch einen einfachen Pinselstrich leuchten kann. Mein Stiefbruder, Scott, und meine Schwägerin Emily, ich empfinde es als Segen, euch in meinem Leben zu haben. Bei meinem Stiefvater Michael bedanke ich mich für die endlose Ermutigung und Unterstützung. Grampy, Poppy und Grandpa, danke, dass ihr mich von oben führt.

Mein Dank geht auch an Joe Watson. Du bist mein Mentor und einer meiner liebsten Freunde. Was für ein Glück, einen Menschen wie dich zu haben! Und danke an meine Mentorin Rha Goddess, dass du mir hilfst, meine Träume wahr werden zu lassen.

Meiner Powergruppe von Wunderwirkern auf herfuture. com danke ich dafür, dass sie kraftvoll Raum für Liebe schaffen. Ihr habt jede Lektion, jede Geschichte und jedes Wort in diesem Buch inspiriert. Ihr seid meine Lehrer und meine Schwestern.

Danke meiner lieben Freundin Micaela Ezra. Das Licht in dir entzündet das Licht in mir.

Danke meinem intuitiven Gefährten Zach Rocklin. Du hast mir mehr beigebracht, als du dir vorstellen kannst. Und was noch wichtiger ist, du hast mich die wahre Bedeutung von »heiliger Liebe« gelehrt.

Nun zu denen, die dabei geholfen haben, dieses Buch zu machen. Ich danke Michele Martin und Nel Yomtov. Danke, dass ihr an die Bedeutung dieser Botschaft glaubt und meine Partner bei dieser Mission seid. Äußerst dankbar bin ich meinem lieben Freund Sam Basset für seine unglaublichen Fotos. Ich danke Haleh Roubeni dafür, dass sie mich so liebevoll gestylt hat. Bevin Reilly danke ich dafür, dass du stundenlang in meiner Küche gesessen und jedes Wort und jede Übung in diesem Buch Korrektur gelesen hast. Mit unendlicher Liebe und Dankbarkeit danke ich Bonnie Bauman, meiner Lektorin, Wort-Trainerin, Lehrerin, intuitiver Freundin. Danke, dass du mir bei diesem Prozess die Hand gehalten hast. Mach weiter so.

An PS 50, 7:30 AM, ihr seid meine Familie. Ich danke Bill und all seinen Freunden, dass ihr meine Brücke zurück ins Leben wart. Ich danke Elaine Abromovitch, Dr. Rick Barnett und Deborah Miller, die mir geholfen haben, die Frau zu werden, die ich heute bin.

Ich danke Heather Cumming und Medium Joao, dass ihr mein Herz, meinen Geist und meine Seele für das Licht geöffnet habt. Dank euch hat sich mein Leben für immer verändert. Ich danke meinen Guides, Sol, Lisa, Merlin, Joan, Anne und J – danke, dass ihr meine Hand gehalten habt, als ich über die Brücke gegangen bin, ich weiß, dass ihr mir immer beisteht. Unendliche Dankbarkeit und Dank an diejenigen, die mich am meisten inspiriert haben: Marianne Williamson, Dr. Wayne Dyer, Shakti Gawain und Louise Hay. Ich hoffe, ich kann eure Botschaft im wahren intuitiven Stil weitergeben. Danke, dass ihr meinen Weg erhellt.

Schließlich danke ich Helen Schucman und William Thetford für ihre Bereitschaft und ihr Engagement bei der Publikation von *Ein Kurs in Wundern*. Danke, dass ihr ein Channel ins Licht seid.

Um euch täglich intuitive Tipps abzuholen und mit mir zu korrespondieren, könnt ihr mich jederzeit unter www. gabbyb.tv erreichen.